小学館文庫

# 新聞・テレビはどこまで病んでいるか

稲垣　武

JN285971

小学館文庫

# まえがき

昔は「無冠の帝王」と呼ばれ、近来は「第四の権力」と恐れられるようになったマスコミに対する国民の信頼が揺らいでいる。以前は朝日新聞など権威を誇る大新聞の報道や論調を無条件に信じていたのが、中国・北朝鮮に関する偏向報道や、歴史教科書問題、靖国参拝問題などで中国・韓国の非難を無条件に受け入れ、それと同調する報道を続ける姿勢に疑問を抱く国民が増えている。

その証拠に、小泉純一郎首相の靖国参拝について、朝日・毎日やNHK・テレビ朝日などが批判のキャンペーンを張ったにもかかわらず、2001年8月15日の終戦記念日の参拝者は前年より倍増した。

また、「人権」を声高に主張しながら、重大犯罪が起こると被害者の人権を無視した執拗《しつよう》で過剰な取材をするという矛盾に気づき始めている。

さらに若者の新聞離れが進む一方、インターネットの普及で行政機関や企業、団体、個人がホームページをつくってマスコミを媒介せずに直接国民に情報を発信できるようになり、マスコミの情報独占が崩れつつある。

とは言え、マスコミの威力はまだまだ残っている。森喜朗政権のときは、森首相の「日本は神の国」などの言葉じりをとらえて集中砲火を浴びせ、支持率を10％以下にまでダウンさせたのが、小泉政権が誕生すると一転して、芸能スキャンダルを扱う感覚で政治・経済を扱ってきたテレビのワイドショーまでもが褒めそやし、80％を超す未曾有《みぞう》の高い支持率にまで持ち上げた。

しかしながら、マスコミのつくりあげた「小泉人気」は多分にムード先行であり、熱気が冷めれば支持率は下がってくる。そして「構造改革」によって失業者が増大し国民に「痛み」が実感されるようになると、大衆迎合を専らとするマスコミは、今度は小泉政権に逆風を吹かせ始めるに違いない。

このように移ろいやすいのが日本のマスコミの特徴であり、そのマスコミに動かされる世論もまた移ろいやすい。ムードに流されない健全な世論を醸成するには、マスコミ自身が変わらなければならないが、マスコミには固有の生理と病理があり、自己変革はむずかしい。

となれば、読者・視聴者自身がマスコミの生理と病理を知って、偏った報道や論評に騙《だま》されず、情報の洪水に押し流されずに真実を読み取る能力、「メディア・リテラシー」の力を身につけることが必要である。

いま日本は、長期デフレ不況に苦しみ、無差別殺人や親による子殺しが増え、不法滞在の外国人、主に中国人による凶悪犯罪も急増している。政治・経済や社会が崩壊に瀕《ひん》しているのに、それを防ぐ方策が見つからず、閉塞感が日本をおおっている。

この袋小路から脱出するためには、政治・経済システムのみならず、社会システムまで思い切った構造改革が必須である。それにはまず、派閥と族議員がはびこる自民党と、政権担当能力を欠き、何でも反対の野党という「政治の五五年体制」の打破、護送船団方式に馴《な》れ、行政と癒着してきた産業界の意識改革、肥大しきった既得権を手放そうとせず、国家をないがしろにしながら国家に依存するという、国民の意識改革が先決だ。

国民の意識改革を担うのがマスコミの役割だが、そのマスコミ自身が記者クラブという既得権にしがみついている現状では期待薄である。ならば、読者・視聴者自身がマスコミの報道、論評に批判的に接し、それに騙されて誤った判断をしないように心がけなければならない。それが意識改革の第一歩だろう。

この書は、そういったメディア・リテラシーの能力を高めるために、実際のテレビ報道や新聞記事を題材に、筆者なりの分析を試みたものである。新聞記事は首都近郊版に依拠したが、これは筆者が日常接しているということの他に、霞が関や外国の外

保存の縮刷版になることを考えて無
アの本音が出ていると思うからだ。
月刊誌『正論』に連載中の「マスコミ照魔
に書き加えたものも少なくない。

交筋向けに化粧
難なものに
テレビ
鏡」
とするところを汲み取られて、メディア・リテラシーの能力を
少しでも高められることができれば幸いである。

# 新聞・テレビはどこまで病んでいるか

## 目次 contents

編集／佐藤幸一
真田晴美
編集協力／前嶋裕紀子
校正／桜井健司
本文デザイン・DTP／クリエイティブ・サノ・ジャパン

# 第1章

## 記者クラブ、池田小児童殺傷事件、人権、言葉狩り…

# 横並び主義と事無かれ主義が衰弱を招く

新聞社もテレビ局も企業である限り、「他社が何をどう報道するか」が最大の関心事となる。そして抜け駆けと過当競争を防ぐのが記者クラブだ。このマスコミの「横並び主義」によって同じような紙面やニュース番組が並ぶだけでなく、他社よりいかに量が多いか、パンチがあるかという競争のみへ向かう。

また最近目立つのがマスコミの「事無かれ主義」だ。テレビも新聞もモザイクだらけで、人権の名の下の「言葉狩り」に易々と屈服する。明確な現行犯にも「容疑者」を付けモザイクをかけて報道するのは、こうしておけば抗議されることはないからである。

## 記者クラブは「横並び」の象徴

新聞・テレビなどのマス・メディアも日本のカイシャである以上、日本的組織原理に基づいた企業であることに違いはない。新聞社でもデスクや部長の最大の関心事は、他社が何をどう書くかであり、各社ともその手の「横並び主義」を金科玉条としている限り、同じような紙面、同じようなニュース番組が「横並び」してしまう。「早版交換」と称して新聞社同士が朝刊の早版（遠隔地向けに発行される初期の版）を互いに交換し合う習慣があるのも、特オチを防ぐ他に、他社が何をどう扱っているかを見るためだ。その結果、ますます似たような報道、似たような紙面になるのは当然である。

官庁や業界団体などの記者クラブの存在も、「横並び」に拍車をかける。記者クラブは毎日定期的に官庁や業界団体から情報の提供を受け、重要な問題では共同記者会見を要求し、またそれについてのブリーフィング（背景説明、解説）を求める。その結果、新聞・テレビなどの各メディアが足並みを揃《そろ》えて一斉に報道することになり、解説や評論まで似たようなものになる。記者クラブに屯《たむろ》しておれば、居ながらにして記者の出稿ノルマは果たせ、足を棒にして取材に回らなくても済む。

また、クラブ内で取材協定を結び、記者会見での発表までは取材・報道をしないと申し合わせて抜け駆けを防ぐやりかたもしばしば使われている。地方支局では警察官や教職員の人事異動は重大ニュースだが、それも公式発表まで待つというのが暗黙の協定となっている。

かつて読売はその黙約をしばしば破り、発表の一、二日前に報道、「人事の読売」と異名を取っていたが、そんなことが起こると記者クラブはどこから漏れたかと追及するので、相手も正式な人事異動の書類を渡したわけではないことを証明するために、意図的に一部を差し替えることもよくあった。

## 抜け駆け防止も機能の一つ

こういう抜け駆け防止と過当競争の防止も記者クラブの機能の一つだが、もう一つなるべく特ダネを取らせないという機能もある。記者クラブのある官庁や業界団体の内部の取材は記者クラブ加盟の記者にしか許されていないが、そうなると記者クラブに長時間姿を見せない記者がいると、何か潜行取材をしているのではないかと疑われ、他社の記者が手分けして立ち回りそうな部署に電話をかけて探りを入れる。どこそこに現れて取材していたという情報をつかむとクラブ員が大挙して押しかけ、取材先に何をしゃべったのか追及する。

それでも特ダネが出た場合は、これまた大挙して押しかけ、なぜ一社にだけリークしたか、共同発表をしなかったかと吊るしあげる。こういう、まともな取材競争すら圧殺しようとしているのが、記者クラブの実態である。鎌倉市が記者クラブを見直し、田中康夫・長野県知事が記者クラブを廃止して、どのメディアにも開かれたプレスセンターに改変すると決めたのも、自閉的な記者クラブの弊害に気づいたからだ。

## 番記者のぶら下がり取材も「横並び」

森喜朗氏が首相当時、首相番記者としょっちゅう軋轢《あつれき》を起こし、遂に「歩きながらの取材には応じない」と何を聞かれても答えず、マスコミの総スカンを食って失言問題などで集中砲火を浴び、支持率を10%以下に下げて退陣を余儀なくされたが、これも各メディアの「横並び」取材が原因である。

首相が会議を終えて部屋から出てくると、廊下に待ち構えていた番記者がワッと殺到し、口々に質問する。それも「何を話したか」といったほぼ同じ内容の質問だ。そして金魚のウンコのように連なって首相の後を追う。これを「ぶら下がり取材」と称するが、これでは首相がうざったく思うのも当然だ。

何十人もの記者が首相のまわりに蝟集《いしゅう》するのだから、首相のすぐ傍に来て首相に質問できる記者は数人に限られてくる。となると取材できるのは、すばしこいか、体力にすぐれて他の記者をはね飛ばせる体育会系になる。それでは不公平だというので、番記者の集まりである内閣記者クラブでは、順番に一人が傍まで来て質問、その答えをクラブ所属の全員に伝えるという便法を編み出した。そこで翌日の紙面ではどこでも同じやり取りが掲載されることになる。

首相のコメントを取りたいのなら、ぶら下がり取材の代わりに、一日に何回か定例記者会見を開くよう、官邸に要請すればいい。森内閣のマスコミ担当内閣官房参与だった中村慶一郎氏が『諸君』２００１年7月号に書いた回想によると、夕刊、朝刊の締切り時間に合わせて、一日に二度、記者会見をやろうと森首相側から提案したが、締切り時間のないテレビ局の記者らの反対で記者クラブはまとまらなかったという。

## 「首相動静」は出席原稿

その首相番記者の出席原稿（内容は別として、ちゃんと記者クラブに出席していますということを証明するがための原稿）である「首相動静」「首相日誌」といったコラムが各紙とも政治面に毎日掲載されているが、内容は「何時何分、理髪に行った」というような他愛ないものが多い。読者はそんなことを知りたいがために購読料を払っているわけではなかろう。そんなコラムを漫然と続けているのは、それをやめると番記者の仕事がなくなるという内部的な配慮からだろう。

番記者はおおむね政治部に配置されて間もない政治記者一年生である。若くて元気のいい有為の人材を「廊下トンビ」などに使うのは勿体《もったい》ないではないか。しばらく記事は書かずとも、自民党の集票組織である各種圧力団体の内情と実力とか、民主党の労組依存体質などをじっくり調査して報道させればいい。そのほうがよほど政治記者としての実力を養うことになる。それをしないのは、各社とも「一年生は番記者に使え」という徒弟奉公的な慣習があり、それに漫然と従っているにすぎない。

## 集中豪雨的報道も「横並び」の所産

さらに同じような報道の「横並び」では、競争は一定のテーマについて、いかに他社よりも量が多いか、またパンチがあるかという競争になってしまう。公害が時の話題（アジェンダ）になれば紙面は連日のように公害報道を集中豪雨のように流し、それはたちまち誇大報道となり、遂には「第三水俣病」のような嘘《うそ》の公害まででっち上げる。

公害報道に限らず、あるアジェンダが登場すると、しばらくはそれに関連するニュースが連日のように紙面を賑《にぎ》わす。たとえば電車内の痴漢行為がアジェンダになると、急に「痴漢逮捕」のニュースが多くなり、読者は最近痴漢が増えたのかと思う。もちろん、痴漢行為の件数が急増したわけではなく、いままで報道されなかった軽微なそれも紙面に掲載されるようになっただけだ。

その報いを受けたのが、痴漢報道に熱心だった朝日新聞だったのは皮肉である。自社の社員が駅のプラットホームで酔っぱらって、電話をかけている女性の尻《しり》を通りすがりに撫《な》でただけだが、痴漢として検挙されて、自社の紙面で大きく報道せざるを得なくなり、当の社員は社内で厳しく処分された。

## 記事量と誇大報道で圧倒

夏の全国高校野球大会は朝日新聞の主催であり、関心度が極めて高く、地方大会中に他紙から朝日に乗り換える読者も少なくなかった。夏場にそんな目玉商品を持っていない読売は一計を案じ、地方支局に「朝日より量が多く詳細な記事を書け」と号令し、その結果読者は夏の高校野球がどこの社の主催なのかわからなくなってしまった。これも量で圧倒したほうが勝ちという実例である。

最近は環境問題がアジェンダであり、一兆分の何グラム（ピコグラム）という超微量の環境破壊物質が検出されると、それをさも重大事であるかのように報じ、人体への影響がまだ定かではない環境ホルモンを重大な影響をもたらすかのように報じたり、携帯電話から出る微弱な電磁波（テレビや電子レンジから漏れる電磁波と同程度）が脳に障害をもたらすかのように報じたりする。

## 事件の顔写真も横並びの結果

２００１年7月25日付朝日の「池田小事件　そのとき記者たちは　中」には、犠牲になった児童の顔写真集めに走った記者たちが、一様に断られて苦悩した話が載っている。日本の新聞は昔から、事故・事件の犠牲者の顔写真を集めて掲載するのを慣習にしてきた。しかし、悲しみに沈む犠牲者の家に行って、「顔写真を下さい」と頼んでも、十中八九、にべもなく断られる。まして近来、肖像権やプライバシーの権利が声高く叫ばれるようになってからは、なおさらだ。

そんな権利意識がまだ希薄だった昔も、顔写真集めは記者にとって後味の悪い苦行だった。私も地方支局時代、交通事故で死んだ子どもの顔写真を貰《もら》いに行って、遺族に怒鳴られたことがある。そこで再度、供花《くげ》を持って訪ね、仏壇に手を合わせて焼香し、やっと貰えたことを覚えている。

そのとき、なぜこんな切ない思いをしてまで、顔写真を集めなければならないのかと思った。その疑問を支局長にぶつけると、彼は「顔写真があるとないとでは、記事の訴求力が違う。こんな可愛い子どもが犠牲になったのかと、読者の涙も誘うだろう」と答えたが、それが今も顔写真集めの理由だろう。

たしかに、顔写真を載せることが、記事の訴求力を高める効果はあるにしろ、テレビを含む各メディアが顔写真集めに狂奔する最大の理由は、仮に自社が集めないでいて、他社が集めれば、訴求力で完全に後れを取るという恐怖感だろう。これも日本のメディアの「横並び」意識の強さからだ。顔写真がなくとも、それに費やす精力と時間を事件・事故の深層をえぐり出すことで記事の訴求力をカバーすることはできないものか。新聞協会あたりが顔写真廃止を提唱したらどうか。

## 「横並び」は紙面構成、レイアウトまで

「横並び」は報道だけではなく、紙面編集・レイアウトにまで及んでいる。どの新聞も判で押したように朝刊1面最下段には「天声人語」(朝日)、「編集手帳」(読売)、「余録」(毎日)、「産經抄」(産経)といったコラムを配置し、夕刊1面では「素粒子」(朝日)、「よみうり寸評」(読売)、「近時片々」(毎日)といった小コラムがある。かつて

はどの新聞も1面に重大ニュースを並べ、2面は政治面、3面は国際面、4面は経済面という紙面建てになっていたが、新聞のページ数が増えるにつれて、各紙とも2・3面は総合面、4面が政治面、5・6面が国際面、7・8面が経済面と変わってきた。最終面の一つ前の見開きページが第一・第二社会面であるのは以前と同じである。

また、実際にはあまり効果があるとも思えないが、読者をつなぎ止めるための連載小説や連載マンガがある。

最近では読売が「読みやすい大きな活字」化に踏み切ると、たちまち他の各紙が右へ倣えする。朝日がそれまでタブーとされてきた、広告集めのための左紙面の全面広告を始めれば各紙も追随する。インターネット時代に対応してどこかがホームページを開設すると他社も争って開設する。

それは真剣に費用対効果比を考えたとは言えず、ただ他社もやるから自社もという「横並び」思想にとらわれたと見ていいものもある。ちょうど「国際化」という流行語に幻惑されて、地方銀行までもが我も我もと海外に進出、アメリカやヨーロッパに支店を開設したものの、国際金融の需要がそれほどあったわけではなく、経費倒れに終わり、バブルの崩壊で撤収せざるを得なかった状況と似ている。

デフレ不況になって、新聞代の値上げもおいそれとはできなくなったが、以前は一斉に同時、同価格の値上げをするのが慣例で、談合としか思えなかった。そういう新聞社に土建業界の談合を批判する資格はない。また新聞休刊日も各紙とも同じ日に設定しているが、なぜ一斉に休刊しなければならないのか、その理由がさっぱりわからない。

恐らく各紙バラバラに休刊すると、ある一紙が休刊したときに、その読者が他紙を覗《のぞ》いて、「こっちのほうがまし」と乗り換えるのを一致して防ごうという思惑かもしれない。そうならば競争を忌避しているわけで、新聞社も日本の他の企業と同様、護送船団を組んで仲良くやっていこうというエトス（行動・思考様式）を持っているのだろう。

## ポルノ同然のモザイク画面

最近のテレビのニュース画面は、ポルノ同様、モザイクだらけである。凶悪犯罪が起こったとき、近所の人から容疑者の人となりなどを聞くような際に、その証言者に迷惑がかかるからと顔をぼかすのはわかるが、各地で問題を起こしているオウム真理教の信者の顔はもちろん、乗っている車のナンバーまでモザイクにしている。

これはそうしないと、何でも訴訟にする訴訟狂のオウム真理教側から「肖像権の侵害」などで訴えられるのを恐れるからだ。これはメディア側の「事無かれ主義」からであり、人権に配慮したものではなかろう。

いつの頃からか、犯罪を犯して逮捕された容疑者が警察へ連行されたりするとき、頭からすっぽりオーバーなどをかぶせられて、顔や表情が全く見えないようになった。諸外国にはそういう習慣はないから、何か警察が容疑者を虐待しているように誤解されがちである。これは顔をさらして連行されるのは、江戸時代の引回しと同じで人権侵害だとの人権屋の主張に屈したからだ。

私が地方支局で警察・事件担当記者だった三十年以上前にはそういう習慣はまだなく、たまに容疑者自身の要求で顔を隠していても、詰めかけた記者やカメラマンのなかから「面を見せろ」との怒号が飛び、かぶりものをひっぺがしたものだ。警察側も一応「何をする」と怒ったそぶりをするだけだった。

特に凶悪犯人の場合、いまどんな表情をしているのか見たいというのは、視聴者、読者の自然な要求だろう。テレビ局や新聞もその要求に応《こた》えたいのは山々だが、敢《あ》えてそれをやると人権屋からの猛烈執拗《しつよう》な抗議がうざったいので、ここでも事無かれ主義を決め込んでいるのだ。

ただし、日本のマスコミは、容疑者が官僚や企業の経営者、有名人の場合は例外扱いをしている。汚職で逮捕された労働省の事務次官の場合は、逮捕前からテレビカメラが執拗に追っていた。汚職は国民の税金を食い物にした許すべからざる犯罪だが、人を殺したわけではない。一方、複数の人間を残虐に殺した凶悪犯の場合は顔を隠すことを許されている。

こういう差別、不平等がまかり通るのは、官僚や企業経営者、有名人の場合は「引回し」されても人権屋が抗議してこないという単純な理由からだ。ここにマスコミの「事無かれ主義」が端的に表れている。

## 精神病院通院歴あれば匿名

日本の新聞・テレビはどんな凶悪事件の容疑者でも、精神病院の通院歴があれば、無条件・機械的に匿名とし、顔写真も掲載しないという慣習を守ってきた。これも自発的にそうなったのではなく、人権屋の非難攻撃を避けるためである。

2001年6月8日朝、大阪府池田市の池田小学校に出刃包丁を持った男が乱入、教室にいた児童八人を刺殺、教諭ら十五人に重軽傷を負わせるというむごたらしい事件が起きた。それを報じた各紙夕刊は、犯人に精神病院の通院歴があることから匿名扱いにしていた。民放ではフジテレビが毅然《きぜん》として実名と顔写真を報道したので、当初は匿名、顔写真もモザイクを入れていた他局も、夕方のニュースから右へ倣えした。

また、容疑者を連行するとき、「江戸時代の引回しと同じで、人権侵害だ」とわめき立てる人権屋の抗議を面倒がって、頭からスッポリ上着などをかぶせる警察も、逮捕の翌日の検察庁送りの際は、珍しく顔を隠させなかった。これは「人間の皮をかぶった犯人の面を見せろ」という視聴者の声がテレビ局に殺到し、テレビ局が警察に要請した結果だろう。もっともその後、車に乗り込んだときは上着をかぶせていたが、これも人権屋の抗議に対して、「車に乗せる前は車の影になって見えないはずだったが、テレビが盗み撮りした」と言い訳するつもりだったのだろう。

## 児童殺傷男に奇妙な朝日トップ見出し

新聞も9日付朝刊から一斉に実名と顔写真を掲載したが、奇妙なのは朝日の1面トップの主見出し「容疑者『嫌になった』」である。この犯人の場合は、明々白々の現行犯であり、わざわざ「容疑者」と断る必要はない。たしかに裁判上での「推定無罪」の原則、つまり現行犯であっても起訴までは「容疑者」、裁判が始まってからは「被告」と呼ぶのが慣例になってはいるが、それは捜査当局や検察官、裁判官が予断を持ってはならないという建前であり、情報の正確な伝達を使命とするメディアまでもがその建前に杓子《しやくし》定規に従う必要はなく、臨機応変にやるべきだろう。

私も朝日の整理部で新聞編集に携わり、見出しをつけた経験があるが、見出しは字数が限られ、特に主見出しの場合は最大で七～八字という制約がある。件《くだん》の朝日の主見出しの場合、「容疑者」で三字を取られているから、後は五字くらいしか使えず、そのために犯人の動機についての供述「何もかも嫌になった」が単に「嫌になった」という舌足らずの表現になっている。「嫌になった」では何に対して嫌になったのかわからないだろう。「何もかも嫌になった」で初めて犯人の絶望的な気持ちがわかるというものだ。

朝日は今回に限らず、現行犯でも見出しで「容疑者」と大きく謳《うた》うのを常としているが、被害者の人権など眼中になく加害者の人権擁護ばかり言い立ててきた「人権屋」の威光にひれ伏していると見える。

二十年くらい前、私が『週刊朝日』の副編集長（デスク）だった頃、現行犯の凶悪犯の記事で、見出しでも本文でも「容疑者」とせず「犯人」としたところ、たちまち「人権屋」から電話で猛烈な抗議が来た。私が現行犯を容疑者と呼ぶ必要はないと答えると、「では犯行現場を目撃したのか」などと屁理屈を並べ立てる始末で、取り合わないでいると何度も執拗に電話をかけてきて、面会を強要した。これも拒否すると

「法的手段に訴える」と脅迫してきたが、相手にしないでいるとそのうちに沙汰《さた》やみになった。

こういった「人権屋」の特徴は、いかにもおのれだけが正義の代表であるかのように、居丈高な口調で嵩《かさ》にかかってくることで、たしかに面倒で厄介だが、そういう連中のたわ言は、断固としてはねつけるのがジャーナリストの気骨というものだろう。それとも朝日は「人権屋」の片棒をかついでいるのか。

## 粗暴犯・金嬉老に朝日は「さん」付け

2000年9月4日付朝日第一社会面では、それがさらにエスカレートして、「金嬉《キムヒ》老《ロ》さんに放火容疑／トラブルの知人宅乱入／もみあい本人重傷」という四段見出しが踊っている。この事件は日本の寸又峡《すまたきょう》の温泉宿で、暴力団員を殺して逃げこんできた金嬉老が、宿の客を人質に取って立てこもり逮捕されたが、裁判で自分が罪を犯したのは、日本人による民族差別のためだと言い立て、一躍マスコミの寵児《ちょうじ》となり、仮釈放されて出所、韓国へ帰ったときも民族の英雄扱いされ、それで舞い上がったのか竹《たけ》槍《やり》を持って知人宅に押し入って知人夫婦を脅し、布団などに火をつけて現行犯逮捕されたものだ。

それを「放火容疑」としただけではなく、「金嬉老さん」とさんづけしたのは、金嬉老を率先して民族差別の告発者と最大限に持ち上げてきた朝日ならではの慮《おもんぱか》りだろう。朝日はその後、犯罪者をさんづけしていないところを見ると、金嬉老だけを特別扱いしたものと見える。

## 宗教団体と大衆の批判はタブー

日本のマスコミは、個々の企業とか官庁などには鋭く切り込み、その非違を告発するが、創価学会とかかつてのオウム真理教など、強大な宗教団体にはあまり手を出さない。それは下手にその非をあげつらうと、たちまち信者からの抗議の電話が殺到し、会社の電話交換台がパンクして業務に差し支えるからだ。また名誉棄損や損害賠償請求の訴訟でも起こされると面倒である。オウム真理教の場合はそのインチキを紙面で批判した西日本新聞などが訴訟を起こされて、法解釈しか念頭にない裁判官のおかげで敗訴した。

それを見て他紙もすくみ上がってしまい、オウム真理教批判は触らぬ神に祟《たた》りなしとばかりに影を潜めた。それで天下に怖いものがなくなった麻原教祖は、遂に松本と東京の地下鉄でサリンガスによる大量無差別殺人テロにまで暴走してしまった。もしその前の段階でマスコミが筆を揃えてオウム真理教の実態とその危険性を暴いていたら、あの忌まわしい事件も未然に防げたかもしれない。

## 不特定多数批判もタブー

また不特定多数の大衆の批判をするのも、日本のマスコミではタブーである。不特定多数の大衆を批判しないのは、それをすると大衆の反感を買い、読者、視聴者を失うことを恐れているからだ。洗剤に含まれる有機燐《りん》が河川や湖、海を富栄養化してアオコなどを発生させ、環境を破壊すると非難しても、高校生などの朝シャンの習慣を非難したりはしない。毎朝洗髪に使われるシャンプーの量がどれほど膨大で、それがどれほど環境を汚染するかは検証されたことがない。

爺チャン、婆チャン、母チャンだけが農業に従事する、兼業農家の三チャン農業が必然的にもたらす農薬の使いすぎが、いかに日本の自然を破壊してきたかについても、日本のマスコミは沈黙を守ったままだ。そのおかげで田園の灌漑《かんがい》水路には今やドジョウも小鮒《こぶな》もいない。一票の力が都市の三倍以上といった不公平な選挙制度で選ばれてくる多くの地方出身議員の政治的圧力のおかげで、都市の住民からふんだくった税金を農村にジャブジャブ注ぎこめる農林水産省が、小さな水路までコンクリートで固めたために、蛍も姿を消した。メダカすら絶滅寸前である。

## ますます猖獗を極める「言葉狩り」

マス・メディアの間では、人権屋の「言葉狩り」を恐れる余りの滑稽《こっけい》な「言い換え」が猖獗《しょうけつ》を極めている。池田小の児童八人を殺害した犯人も、紙面の上ではおしなべて「容疑者」と表記している。朝日・毎日のような「人権屋」と結託したメディアだけではなく、読売・産経のような新保守主義に立脚しているはずのメディアまで右へ倣えしているのだから恐れ入る他はない。

また「精神病」「精神病患者」と呼ぶのもタブーで、なべて「精神障害」「精神障害者」としている。たしかに「白痴」といった呼称は、字面からして差別的な感情が潜在している疑いがあり、「重度知的障害者」と呼んだほうがいいかもしれないが、それなら「老人性痴呆症」とか「ボケ老人」も差別ではないのか。こっちのほうは構わないのか。

マス・メディアの「言葉狩り→言い換え」は、戦後間もなく「女中さん」を「お手伝いさん」と呼び換えたあたりから始まった。しかしこの言い換えは二度目なのである。江戸から明治にかけては「下女」と言っていたのが、大正デモクラシーの影響か、

「女中」と言い換える風潮が定着した。

「女中」とは「御殿女中」という言葉もあることからわかるように、大名や将軍に仕える小間使い的な存在で、地位も気位も高く、軽輩の家来どもは「御女中」と敬称をつけて呼ばねばならなかった。拭《ふ》き掃除や炊事・洗濯をする女性は「端女（はしため）」で、「女中」はそれよりワンランク上だったのである。

ところが戦後、そういう故事来歴を知らない無教養の人権屋が「女中」は差別用語だと言い出し、その執拗な抗議を面倒がったマス・メディアが「お手伝い」と言い換えるようになった。しかし早晩「お手伝い」も軽侮のニュアンスがあると言い立てて、またぞろ言い換えられるだろう。

## 差別的意味なしに死語になった「土方」「百姓」

いまは死語になっている「土方」も、江戸時代、各藩の土木行政を取り仕切っている藩士の職分を指すもので、鉄砲などを扱う職分は「鉄砲方」と呼ばれていた。だからもともと差別的な意味は全くなかったのだが、戦後これも「土木作業員」となった。

同様に死語となった「百姓」も、大昔は民衆一般を指す言葉だったが、その頃は民衆の大半が農民だったので、江戸時代には農民の代名詞になった。だから差別的な意味は全くなかったのだが、昭和の頃から、都会人が「どん百姓」とか「水飲み百姓」など、侮蔑的な言葉をくっつけて呼ぶようになったので、単なる「百姓」も差別用語ということになり、姿を消した。

もっとも、小作農が大部分だった戦前とは違い、戦後の農地改革でほとんどが自作農となり、手厚い農業保護政策に守られてきた農民は、今や日本でいちばん恵まれた階層ともいえる。むしろ哀れなのは都市の住民で、農村に強い地盤を持ち、都市の住民や企業からむしり取った税金を農村にばらまくという政治手法を専らにした自民党政治が続いたおかげで、税金はたっぷりと取られているのに、都市対策がなおざりにされてきたため、通勤地獄に喘ぎ、世界一高い米を食わされ、一票の価値すら農村の半分以下という差別に甘んじてきた。今なら都市住民が農民を「ヒャクショウ」と呼んだとしても、差別用語ではなく、尊称になるかもしれない。

従って、差別用語はその言葉自体に差別的要素が含まれているというより、差別される対象の社会的状況に根源があるのだ。だから差別的状況をそのままにして、言葉だけを目の敵にして「言葉狩り」をしても無意味である。敢えてそういうことをやれば、言葉を次々に換えていかねばならなくなる。しかも滑稽なのは、差別状況がなくなっても、マス・メディアが依然として差別語扱いにして、その使用をタブーとしていることだ。「百姓」などはその好例だろう。

ナショナリズム、新しい歴史教科書をつくる会、人権…

第2章

# 言霊に乗る報道とキーワードだけの社説

戦時中、「必勝の信念」さえあれば戦争に勝てるという妄信が存在した。言霊といわれる言葉の魔力に、古来より日本人は縛られている。そして戦後も、「平和」を唱えてさえいれば日本は侵略されないという妄信や、「人権」を振りかざして批判を封じるという報道がはびこった。特に自称「進歩的」メディアの愛用するキーワードは、空しく振り回すだけの念仏である。

また、「国家主義」「民族主義」「伝統回帰」などの言葉にマイナスイメージを負わせてから『新しい教科書をつくる会』を名指しで批判するなど、巧妙な言霊活用例も見られる。

## 「言霊」に喜々として乗る「進歩的」メディア

日本は古来から「言霊《ことだま》の幸《さき》わう国」だった。「言霊」とは、言葉それ自体が魔力を持つとされることで、戦時中の「必勝の信念」などがそれに当たり、「必勝の信念」さえあれば戦争に勝てるという妄信である。

戦後も「平和」を唱えていさえすれば日本は侵略されないという「言霊」や、「人権」を振りかざして批判を封じる報道がはびこった。「言霊」に進んで乗っているのは朝日・毎日など「進歩的」と自称するメディアで、憲法改正や少年法改正問題など事ある度に、「言霊」主義者のコメントを報じている。社説も朝日などは「癒し」「等身大」「共生」「地球市民」などというキーワードを愛用し、しばしばそれを振り回すだけで終わるという「念仏」だけで終わっている。

21世紀初頭、2001年元旦の朝日社説「『全球』時代を生きる」がその典型だ。同社説は「今年は、国連の『文明間の対話年』でもある。イランのハタミ大統領は先ごろ来日し、国会演説などで、異なる文明や思想を互いに尊敬しつつ、対話と交流を図ることの大切さを訴えて感銘を与えた」と述べた。しかしイランは、いまでもイスラム原理主義の強い国である。

その原理主義者が異文明への尊敬の念を抱いているなどとはとても信じられないことは、アフガニスタンのタリバーンが世界遺産であるバーミヤンの石仏を破壊したことからも明白だ。ハタミ大統領の演説は、改革派としての自省の弁ではあっても、昔から異文明に寛容で、積極的に受け入れてきた日本人に訴えるつもりだったとしたら、とんだお門違いだろう。

## 中国製の言霊まで振り回す

また、「『グローバリゼーション』は、中国語では『全球化』という。英語のこの言葉には市場経済がもたらす負の側面もつきまとう。ところが『全球化』には、地球全体が一つ、というニュアンスが感じられる。困難な問題も『全球』で知恵を出し合えば何とかなるのではないか、理性と解決の意思さえあれば道筋はつくのでは、とそんな気がしてくる」と説く。

しかしこのくだりで幅を利かせているのは「全球化」というキーワードだけで、なんら具体的な方策が示されているわけではない。「全球化」という中国製の言霊を朝日はひどく気に入っているらしく、見出しにまで使っているが、その中国自身は「全球」どころか偏狭な民族主義と大国主義に凝り固まり、国連分担金もオランダより少なく、

ＰＫＯなど国連の平和維持活動にも参加せず、ことごとに国家的エゴを振りかざしているのが実情だ。中国の言う「全球」とは世界の覇権を握ることを意味するのではないか。朝日はよほど中国に騙《だま》されたいと見える。

## 負のイメージの言霊で他者を攻撃

言霊はマイナス・イメージのそれを振り回すことで、他者への攻撃材料ともなる。朝日が多用するのは「国家主義」「偏狭な民族主義」「伝統回帰」などで、同社説は「全球化」の強力な波は、その反作用として伝統回帰の運動を巻き起こしているが、それが「対話」を前提とした開放性を伴うものであれば「『全球化』の弊害を和らげ、相互に好もしい影響を与え合う建設的なものになるだろう」が、「一歩間違えば、民族意識をかき立てるだけの偏狭で排他的なものになりがちだ。血を血で洗い、いまも憎しみの連鎖が続く旧ユーゴで明らかなように、後戻りも容易ではない」と「伝統回帰」の危険性を説いている。

しかし、旧ユーゴの泥沼の内乱は、長期にわたるオスマン・トルコの支配で、イスラム教に改宗してトルコの植民地支配のお先棒を担いだ民族と、あくまでキリスト教を棄《す》てなかった民族との歴史的な宗教対立、民族抗争が原因なのであって、「伝統回帰」

とは次元が違う。

にもかかわらず、なぜ「伝統回帰」という言葉を持ち出したのか。それは全く関係のない旧ユーゴの内乱を引き合いに出すことで、「伝統回帰」という言葉に強いマイナス・イメージを負わせようとしたからだろう。そうしておけば靖国神社参拝も、家庭における父性の復権もすべて「伝統回帰」として標的にし得る。

件《くだん》の社説はさらに、「その意味で、日本の一部で高まっている国家主義的な運動は、排外的な偏狭さを伴い、国を誤らせかねない危うさがある」として、敵は本能寺にありとばかりに「『新しい歴史教科書をつくる会』が主導した検定申請中の社会科教科書には、意図的に中国や韓国との対立を作り出す狙いさえ感じとれる」と検定合格を阻止すべく、名指しで非難している。朝日の巧妙な言霊活用法がうかがえる社説だ。

## キーワードの安易な使用目立つ毎日

２００１年元旦の毎日社説「縦の秩序から横の秩序へ／求められる国民の自発性」は、「私たちは、今日の閉塞《へいそく》状況を打破する鍵《かぎ》の一つは、工業化と国民国家の中で作られ、長い年月の間にすっかり硬直してしまった『縦の秩序』を緩めて、『横の秩序』を大事にする社会に変えていくことにあると考える。そこでは組織より個人の自発性が重視されなければならないのはいうまでもない」との時代認識を打ち出している。

しかし「縦の秩序」が国民国家の中で作られたとするのは疑問がある。国民国家の形成はフランス革命からだが、それ以前の封建制、絶対王政の下では、「縦の秩序」はより強固だった。国王、領主(貴族)、家臣、庶民というヒエラルキーが厳存し、農民には居住の自由も職業選択の自由もなかった。日本でもこの二つの自由が認められたのは、明治維新で幕藩体制が崩壊し、曲がりなりにも国民国家が形成されてからだ。

また工業化が「縦の秩序」を作ったとするのにも誇張がある。工業化以前は「職人の技能が何よりも尊重され」たのは事実だろうが、それぞれの職場では牢固《ろうこ》とした徒弟制度があり、そこでは親方には絶対服従という強固な「縦の秩序」があった。

毎日の言う「縦の秩序」とは、大量生産時代のベルト・コンベア・システムにおけるそれを指すのだろうが、それは生産システムの上の必要性からではないか。その大量生産システムも、初期にはチャップリンの映画『モダン・タイムス』がパロディー化したように、人間をロボット化する状況があったものの、戦後は本物のロボットの登場で、単純作業はオートメーション化され、人間のロボット化という状況はむしろ減少している。と考えると毎日社説の認識はかなり図式的な嫌いがある。

## 改革を阻むのは日本的組織原理

緊急に必要な改革を阻んでいるのは、「縦の秩序」というより自己の組織の利害を全《すべ》てとする「日本的組織原理」だろう。その点で毎日社説が「見事に組織化された社会では、組織の論理が個人の問題意識や、組織を超えたもっと大きな利益を抑え込んでしまう」と指摘しているのは正しい。

しかしその後に「組織の論理を超え、問題に立ち向かうには、組織を緩めて、自立した個人が復権するしかないだろう」と説いているのは、短絡にすぎる。というのは、タコツボ社会を作ってきた日本的組織原理は、日本人のエトス（行動・思考様式）の所産であり、これを変革しないまま、組織だけを緩めると「自立した個人」どころか寄る辺のない漂泊者を生みだすだけだからだ。その結果は社会的アノミー（無秩序）を増大させることになり、日本にとってマイナスではないか。

また、学校とか家庭では、教師と生徒、親と子の関係で「縦の秩序」が不可欠である。それを忘れて教師が生徒とおトモだちになろうとした結果、学級崩壊を招いたり親が子どもの躾《しつけ》を放棄したりするのが昨今の傾向ではないか。

硬直化した「縦の秩序」がさまざまの弊害を引き起こしているのは事実だが、それは既に崩れつつあると見るのが妥当だろう。高度成長期には強固だった会社の「縦の秩序」も、リストラや終身雇用制の終焉《しゅうえん》とともに、会社への忠誠心が薄れ、新しい組織原理を構築しなければ企業としての存続が危ぶまれる時代になりつつある。

件の社説は「『縦の秩序』を緩め『横の秩序』で危機を突破しようとしているのは先進国だけでなく、企業やさまざまな組織の共通の課題になっている」とし、その例として企業のアウトソーシングの拡大やＮＧＯの活動の発展を挙げているが、それを「横の秩序」と称するのは不適切だ。「秩序」を意味する英語のorderは「順位・順序」が原意であり、日本語の「秩序」もまた同じ原意だから、むしろ「横のネットワーク」と言ったほうが的確だろう。

こう見てくると、毎日社説は発想や着眼はいいが、図式化されたキーワードを安易に使っている点で、前掲の朝日社説と同様であり、そのために抽象的な観念に走りがちとなっている。

## 言霊の蔓延が社会の自衛を阻害

１９９９年７月23日に発生した全日空機ハイジャック事件は、いまの日本社会の病弊をまざまざと見せつけた。にもかかわらずマスコミにそれをズバリ衝いた報道は見当たらなかったのはどうしたことか。

　このハイジャックの特徴は、犯人が単独犯であること、凶器が包丁一本にすぎなかったことだ。にもかかわらず犯人にやすやすと操縦室への侵入を許し、機長を刺殺させて単独操縦させ、三百メートルまで急降下させて墜落寸前にまで至ったのはなぜか。日本以外の国では絶対に理解不能な成り行きだろう。

　ハイジャック犯人が複数なら、それを同時に制圧するのは困難だから、犯人側の要求を呑《の》まざるを得ない場合もある。また凶器がピストルなどの銃器ならば、それに対抗するのは銃器くらいしかなく、機内で射ち合いになれば乗客に危険が及ぶだけではなく、機体に穴が開いたり、操縦装置に損傷を与えたりすれば墜落の危険も生じる。しかし包丁一本を持っただけの単独犯なら、制圧は容易ではないか。

　生兵法は怪我のもととは言うが、しかしあまりにも臆病《おくびょう》なのも考えものだ。乗務員に武術の心得がなくとも、包丁を突きつけている犯人の背後から忍び寄って酒ビンなどで後頭部をぶん殴れば済む。即座に脳震盪《のうしんとう》を起こして昏倒《こんとう》し、刺すことなどできなくなるからだ。

　もしゴム製棍棒《こんぼう》などがあれば、包丁を叩《たた》き落とすこともできる。はずみで包丁が乗務員を傷つけたとしても、致命傷にはならないはずだ。そのことと、何百人もの命を危険にさらすことと、どちらが絶対に避けるべきことかは自明のはずだ。

## 言霊化した人命優先が多数を危険に

戦後一貫して、マスコミは事あるごとに「人命優先」を叫んできた。人命尊重を最優先するのは当然だが、それが現実に起こった事件への理性的・合理的判断を阻む一種の「言霊」になってしまうと、かえって多数の命を危険にさらすことになる。それに気づかない、あるいは気づかないふりをするのが戦後日本社会の病弊なのである。それが旅客機の乗務員に、いざというときのゴム製棍棒すら持たせないという結果を生んでいるのだ。

乗客の対応にも問題なしとは言えない。最初は何が起こったのかつかめなかったにしろ、時間がたてばハイジャックされたことがわかるはずだから、乗務員と協力して犯人を取り押さえる動きがあってもいいのではないか。１９９９年8月1日放映のフジテレビ「報道特集」で、当時の野田毅自治相が、「(操縦室がある)二階にいた乗客は、犯人が単独犯で、凶器も文化包丁程度のものであることもわかっていたはずだ。どうして協力態勢を取れないのか。自分は関係ないみたいな態度はいかがかと思う」とコメントしたのは、その点を衝いたものだろう。

以前、オウム真理教信者を装った犯人に国内線の旅客機がハイジャックされた事件があったが、その際も犯人は単独犯であり、凶器はドライバー一本だけであることがわかった後も、乗客のなかから犯人を取り押さえようとする行動を取る者は現れなかった。

何百人もの乗客のなかには屈強の男もおり、武術の心得のある人間もいたかもしれないのに、である。ただ、乗客のなかで機転の利いた人間が、ひそかに携帯電話でトイレのなかから警察に犯人の動静や状況を通報し、警官隊突入を助けたのは救いだったが。

これは戦後の、見て見ぬふりをするのがいちばんだという風潮の表れだろう。最近の電車内や駅のプラットホームでの暴行事件でも、居合わせた多数の乗客は、自分にとばっちりが及ぶのを恐れて知らぬ顔を決め込んでいた。また佐賀の西鉄バス・ハイジャック事件では、数人の男の乗客が乗り合わせていたが、彼らも包丁を持った犯人を取り押さえようとするどころか、女性や子どもの客を残したまま、隙《すき》を見て全員が逃げ出してしまった。

人命最優先なら、何をおいても自分の命が大切で、少しでも自分の命が危険にさらされるなら、正義も人道もあったものかということになる。ダッカ事件のとき、時の福田赳夫首相は「人命は地球より尊い」との迷文句を発して、テロリストの言うまま、無差別テロで捕まっていた犯人を「超法規的」に釈放したが、全日空機ハイジャックの場合、「人命は飛行機より尊い」ということになろうか。

しかしその結果、自分の乗っている飛行機が墜落すれば自分の命も失われるわけだ。その逃げの姿勢、自分だけが危ない目に遭わねばいいとする利己主義が、自らの命をも危険に瀕《ひん》しさせたとなると、喜劇としか言いようがない。

国や政府の危機管理もお粗末だが、個人の危機管理も全くなっていないということだろう。

もっとも件のハイジャック事件の際、時の首相だった村山某は、犯人が一人で凶器はドライバーであることが判明した後でも、警官隊突入の決断がなかなかできず、遂に突入は夜が明けてからになったという体たらくだったから、こんな首相のもとでは国民の惰弱を責めても仕方がないのかもしれない。

## 事実誤認と無思慮の「天声人語」

このハイジャック事件におけるマスコミの最低の反応は1999年7月30日付、朝日の「天声人語」だろう。同欄は「利用者の一人として、疑問のうち一つだけあげておきたい」として、こう書いている。

「副操縦士らはドアを破り、警報が続く操縦室に入った。一秒でも早く、降下していくのを阻止したい場面だ。破るのにどのくらいの時間を要したか。少なくとも数秒以上はかかったのではあるまいか。▼ところが、ごく短時間でドアを開ける方法があった。かぎである。機長とは別に、客室側の乗務員は必ずこのドアのかぎを持っている。訓練を積んだプロのはずなのに、なぜ、それが使われなかったのだろう」

　しかし、私が全日空側に確かめたところでは、操縦室のドアは体当たりで開いたが、「数秒以上かかった」のでは全くなく、明らかな事実誤認である。

　その事実誤認の上に立って、秘密にしておかねばならない保安に関する情報を敢《あ》えて八百万部もの部数を持つ新聞紙上で暴露するとは何事か。これが公知のものとなった以上、客室乗務員は「必ずこの（操縦室の）ドアのかぎを持っている」から、客室乗務員を脅せば操縦室に容易に侵入でき、飛行機を乗っ取れるという情報を、ハイジャックを企む連中に与えることになり、第二、第三の犯行を誘発しかねない。

　さらに、客室乗務員が操縦室のカギを持っていないと思わせることができたこれまでは、脅されても「操縦室のドアは内側からしか開かない」と言い繕って時間稼ぎをし、その間に対応策を考えるという戦術を取っていたが、それすらできなくなってしまう。天声人語子も事実誤認の誤った前提に基づく世迷言《よまいごと》を並べる前に、少しは報道機関の社会的責務を考えたらどうか。朝日のみならず、いまのマスコミに共通しているのは、社会的な危険に対する驚くべき感覚麻痺《まひ》である。

第3章

# 客観を装う主観報道と曖昧表現による誤魔化し

教科書報道、森降ろし、えひめ丸…

報道に主観を交えてはならないにも関わらず、どのメディアもニュースに主観を盛り込み、偏った報道で読者の「知る権利」を侵害している。『新しい歴史教科書をつくる会』への偏向報道はその顕著な例で、特定のイデオロギーに沿ってなりふり構わず特定の教科書を攻撃するメディアなど、言論・報道機関の資格はない。

また、「〜と見られる」等の受身形で粉飾した「客観を装った主観報道」や、「○○筋」等の匿名を使って取材したかのように自分の推測を報道するなど、主観報道で世論操作するマスコミには注意が必要である。

## 主観報道の典型は朝日の教科書報道

日本新聞協会が定めた「新聞倫理綱領」には、「報道に主観を交えてはならない」と明記されているにもかかわらず、どのメディアもニュースに主観を盛り込み、さらに主観によって報道すべきことを無視して、一方的な、偏ったデータに基づくニュースのみ流し、読者の「知る権利」を侵害している。

その典型が2001年2月21日付朝日の1面トップの「中韓懸念の『つくる会』教科書／政府『政治介入せず』／個別の記述修正すれば合格の可能性／中韓など反発必至」との見出しを掲げた記事だ。

前文で「『新しい歴史教科書をつくる会』の主導で編集され、文部科学省で検定中の2002年度版の中学歴史教科書に対して韓国や中国などから批判が出ている問題で、政府はこの教科書の検定にあたっても『国が特定の歴史認識、歴史事実を確定するという立場に立って行うものではない』との原則を適用し、合否などに政治的配慮を持ち込まないとの方針を固めた。この結果、執筆者側が個別の記述の修正に応じれば、この教科書が検定に合格する可能性が高まった。今後、韓国などがさらに反発を強めるのは避けられそうもない」と述べている。

しかし、日本の教科書検定制度は歴史教科書が対象の場合も、史実の誤りや記述の不適切がないか、学習指導要領に合致しているかどうかを検定するものであり、歴史観や歴史認識には「踏み込まず」が原則である。そこが共産党独裁の中国や、民主国家を標榜《ひょうぼう》しているにもかかわらず、教科書を国定にしている韓国と違うところだ。

従ってその原則に則《のっと》って検定をするのは当然であり、「政治的配慮を持ち込まない」のが自由な民主主義国家の証明なのだ。その意味で政府が教科書検定に政治的介入をすればニュースだが、朝日の記事は「犬が西向きゃ尾は東」の類《たぐい》であり、ニュースでも何でもなく、ただ自社の主観を並べ立てたにすぎない。主観を並べ立てるなら社説かコラムでやるべきなのだ。

## 公表禁止の白表紙本を批判

しかも中韓の「懸念」は、公表が禁じられている検定中の白表紙本の内容を、他ならぬ朝日自身があげつらって中韓に〝ご注進〟した結果である。にもかかわらずこの教科書が合格すれば「中韓など反発必至」とするなど、薄汚い意図がまる見えだ。これは完全に新聞報道の倫理から逸脱している。しかも朝日はいわゆる「家永教科書」の検定の際は、「検定への政治介入」を口を極めて論難しており、完全な二重基準、二枚舌というしかない。

朝日は4月4日付で、「『つくる会』教科書、合格／自国中心史観なお」と性懲りもない主観記事を朝刊トップに扱っている。前文に「検定後も歴史教科書は他7社に比べ、自国中心主義に貫かれた歴史認識が目立ち」と書き、その根拠を「研究者らが指摘」としているが、どんな研究者か、それが歴史研究者の一致した意見なのかどうかは明記しておらず、朝日の主観としか受け取れない。特定のイデオロギーに沿って、なりふり構わず特定の教科書を攻撃するなど、朝日には言論・報道機関の資格はない。

それに比べれば、産経のほうが遙《はる》かにまともである。5月31日付朝刊に発表された「産経新聞社記者指針」の「正確と公正」の項には「記事が客観的な事実なのか、記者個人の意見または推論・批評なのか明確に読者に分からせる書き方をする」と明記している。

また「独立と寛容」の項では「産経新聞と論調を異にする意見であっても誠意と責任ある見解に対しては謙虚に耳を傾け、必要に応じて紙面を提供する寛容さを維持する」とした。イデオロギーに凝り固まり、自社の論調に反する事実や意見はできるだけ掲載せず、読者をマインド・コントロールしようとしている朝日とは雲泥の差だ。

産経は「つくる会」主導の中学歴史教科書を全面的に支援しているが、その内容をこっぴどく批判して「絶版にせよ」と迫る谷沢永一・関西大名誉教授の著書の大きな広告も掲載している。その教科書の公刊広告の掲載を拒否した朝日と比べて、メディアとしてまともだと思うのは私だけではあるまい。

朝日は「つくる会」主導の歴史教科書の市販本の広告掲載を拒否する一方、その教科書を当初から攻撃し続けてきた団体である「子どもと教科書全国ネット21」の「教科書がピンチだ」と題した、直接名指しはしていないものの、件の教科書を攻撃しているとことがありありと読み取れる全面広告を、各地で教科書採択の選考が始まった2001年6月21日付で掲載している。新聞において、広告もまた読者の大切な情報源である。これでは朝日の読者は広告面ですら一方的な情報のみを伝えられているわけで、朝日は読者の「知る権利」をないがしろにし、公正さを踏みにじった党派性むきだしの姿勢をあからさまにしたと言う他ない。

## 女子学生の「感想」を押し立てる

2000年11月4日付朝日第一社会面に、何とも珍妙な記事が載っている。「憲法調査会／途中退席・私語・居眠り・欠席／『あきれてしまった』／議員のやる気なさ／女子学生らが指摘」という長ったらしい見出しを掲げたこの記事は、「評論家の吉武輝子さんらが呼びかけた『〈私と憲法〉女たちの集い』での一幕。吉武さんが女性学の講師を務める中央大学法学部の学生や卒業生たちが、10月から調査会の傍聴を始め、感想などを報告した」と前置きして、「憲法について解釈や運用の疑問点を総合的に調査することはいいことだ」と考えていた女子学生が、実際の調査会を見て「あきれてしまった」と語ったと述べている。

「あきれた」内容は「参考人の意見陳述の最中に、入れ代わり立ち代わり席を立ったり、隣の委員と話し続けたりする。自分の党の質疑時間が終わった直後に、その党の質問者全員が退場したこともあった」（どの党か明記しないのは、何か差し障りがあるのか）というもの。しかし国会審議のダラケぶりは何も憲法調査会に限ったことではなく、予算委員会ですら、テレビカメラが入っていないときは、途中退席・私語・居眠りなど日常茶飯事である。

## 主観的偏向報道の典型

にもかかわらず憲法調査会だけを取り上げたのは、そんなダラケた調査会など止めてしまえという世論を盛り上げて、改憲の動きを封じようとする底意からだろう。

そもそもこの集会を主催した団体はガチガチの護憲派なのだから、そういう集会での学生の「感想」を報道することが護憲派に肩入れするものであることは明らかだ。
また出席している委員の数を数えてみたところ、定数五十に対して二十二人しかおらず、うち十二人は居眠りしており、「しかも改憲を主張している人の方が出席率が悪く、憲法に対する情熱が低いのでは」との感想も述べられているが、それは出席委員の数を数えた一回限りのことか、長期的な統計かも明らかではない。これも改憲派を貶《おとし》めようとする底意からだろう。

これは主観的な偏向報道の典型であって、不偏不党の客観報道を旨とする新聞報道の鉄則を見事に無視している。朝日は調査会の参考人意見の報道でも、改憲派のそれはできるだけ小さく、あるいは無視し、護憲派のそれは大きく扱うという不公正な報道姿勢を続けてきたが、もはや世論から背を向けられた自社のイデオロギーを守るためには、なりふり構わぬといったところだろう。

## 受け身形、間接話法を愛用する社説

日本人は直接的表現を嫌い、間接話法を愛用する。「私はこう考える」と言わずに「こうも考えられる」と、受け身形を愛用する。また「こんな風に思われます」という曖昧《あいまい》表現も多用する。マスコミもその語法を受け継いで「と見られる」「問題化しそうだ」「批判を呼びそうだ」などという表現を常用する。

この場合「と見たい」「問題化したい」「批判を呼びおこしたい」のは記者自身であるにもかかわらず、いかにも第三者がそう思っているように粉飾しているわけである。つまり、客観を装った主観報道に他ならない。

これは報道に限らず、一般に広く見られる風潮である。医師の診断書すら「十日間の入院加療を要する」と書くべきところを、「十日間の入院加療を要するものと認められる」と書く（板坂元『日本人の論理構造』講談社）。実際は医師の責任と診断において、入院加療期間を設定しているのに、あたかもどこの誰やらわからぬ第三者が認定したかのように取り繕っている。そうしておけば、医師の診断より病状が重く、入院が長引いても責任追及を逃れられるとの思惑が、無意識のうちに働くからであろう。

この責任逃れ語法は、新聞の社説が愛用している。「○○が期待される」「○○が懸念される」などは、社説の締《し》め括《くく》りの慣用句として毎度登場する。この場合も「期待」したり「懸念」するのは、第三者あるいは国民であるかのように偽装しているが、実際は筆者の論説委員なり所属のメディアなのだ。

日本語の特徴は、肯定、否定が文の最後に来ることだ。だから最後まで読まないと肯定か否定かわからない。この語法は、会議や交渉で微妙な問題があるとき、前提条件について話しながら、列席者や交渉相手の顔色を窺《うかが》って肯定か否定か、あるいは曖昧な結論にするかを決められるという便利さがある。鼠《ねずみ》が穴から首を出して外の様子を窺うのに似た、この首鼠《しゅそ》両端の語法もまた、社説や論評で愛用される。

## 森首相退陣の引き金になった朝日の誤報

2001年3月7日付朝日は1面トップで「森首相、辞意固める／自民首脳に伝える／退陣、予算成立めど」と題して、「森首相は新年度政府予算案成立を待って退陣する決意を固め、六日までに自民党首脳や側近に伝えた」と報じた。

翌8日付産経によると、その真偽を質《ただ》した記者団に対し、首相は「朝日新聞に聞きなさい」と不快感たっぷりに「辞意報道」を否定、さらに参院予算委員会でも「その新聞は就任当初から（私を）批判している。そうした（辞任の）方向に持っていきたいという願望で書いたのではないか」と述べたとある。

産経は続けて「さらに、本人の否定だけでは不十分と考えたのか、小泉純一郎氏が記者団に『（首相退陣の）流れをつくりたい人が言っている』と〝だめ押し〟、福田康夫官房長官も『世紀の大誤報』と怒りをあらわにした」と報じた。

問題の朝日の報道が事実かどうかは明確に判定できないが、これだけはっきりと「首脳」や「側近」が否定しているところを見ると、その信憑性《しんぴょうせい》が疑われようというものだ。根拠のある話なら否定は否定でも含みのある否定になるはずだからである。あながちこの報道を認めると、森首相が逆に意地になって辞めなくなるという思惑からではなかろう。

朝日の報道は、森降ろしを画策する自民党執行部の一部の「空気」に乗っかって、「首脳」や「側近」の発言を作文し、この新聞の宿願である「森退陣」を早めようという意図から出たものではないか。

## 政局をつくる「政局報道」

日本の新聞の政局記事は、伝統的に「首脳」や「側近」、あるいは某派閥の「幹部」がこう言ったとして、政局の動きを憶測する手法を取ってきた。読者も微妙な問題になればなるほど、実名では言いづらいから、匿名のほうが本音が出ているだろうと、政局報道を信用してきた。しかしその信頼は、大新聞だからまさか根も葉もないことは書くまいとの思い込みから来ている。

その思い込みの根拠は最近、急速に薄れてきている。問題の朝日も、ＫＳＤの架空党員集めで、豊臣秀吉とか石川五右衛門といったふざけた名前もあったという与太記事を書いたくらいだから、政局記事が信頼できるという根拠は何もない。

名無しの権兵衛の発言など、いくら事実と違っていたり、ニュアンスが違っていてもその権兵衛殿が抗議してくる心配はないから、書き放題である。以前はそれでも書き放題の誘惑に負けてはいけないとの、自律、自戒の精神が働いたが、最近の新聞記者にそれがまだ残っているかどうか怪しいものだ。

しかしこの手の政局報道でも、それが党内の「空気」に乗っかっている以上、それが「空気」を増幅し強固にして「流れ」を方向づけることがしばしばある。早期退陣にあれほど抵抗していた森首相が、10日夜、党五役との会談で9月に予定されている総裁選を前倒しして、自らは出馬の意思を表明しないことで事実上の退陣を表明したのもマスコミによる包囲網をひしひしと感じたからだろう。

## 世論政治をリードする「第四権力」

政局報道が政局をつくった典型的な例だが、マスコミに政局を左右する力があるのも、マスコミが世論を醸成しているからだ。日本で特にマスコミによる世論形成が容易なのは、日本人の特性である付和雷同性の強さが手伝っている。

初めははっきりした意見を持たない人でも、マスコミが一定のイメージを植えつける報道を繰り返しているうちに、それに染まってしまう。森内閣の支持率急落もその故だ。民主政治とはつまるところ世論政治なのだから、それをリードするマスコミが「第四権力」と恐れられるのも当然である。

たとえば、森退陣を促した内閣支持率の急落も、その大部分はマスコミが作りだしたものだ。森内閣の最大の失点とされたＫＳＤ問題にしても、それは自民党の体質に由来するものであり、森政権だけの責任ではない。外交機密費の流用も、森内閣の誕生以前に起こったことで、直接の責任はない。

## 「えひめ丸」事件で情緒的森非難

「えひめ丸」の事故発生の際、森首相がゴルフを中止しなかったとの非難にしても、それは事故ではあっても、危機管理の次元ではない。危機管理は重大事故を起こしたアメリカ側の問題であって、日本としては迅速《じんそく》な情報収集に努めるしかない。それなら何も首相が官邸に急遽《きゅうきょ》戻る必要はなく、外務省がその責に当たるのが筋だ。

森首相に対する批判は、つまるところ、うら若い水産高校生が行方不明になっているとき、のんびりゴルフを続けていたという情緒的非難に尽きるだろう。しかしそれは余りにも形式にこだわって実質を見ない報道ではないか。

それよりも、森首相が北朝鮮の金正日《キムジョンイル》総書記にファクスで親書を送ったというほうが、もしそれが事実なら、読売が8日付解説面で批判したように、外交音痴丸出しの愚挙であって、責任重大である。しかしこういった味噌《みそ》糞《くそ》式の非難が世論を動かし、内閣支持率を急落させたのであって、そのマスコミが首相交代だけでは表紙だけ替えるのと同じで問題解決にはならないと批判するのはお門違いだろう。

## 幅利かす「○○筋によると」

日本の新聞はまた伝統的に「○○筋によると」という情報を愛用してきた。「政府高官筋」「某国外交筋」などから始まって「権威筋」「消息筋」というものまである。

この「○○筋」が愛用されるのは海外駐在の特派員による記事だが、人手や取材力の不足でしっかりした情報が取れないときに、自分の推測を「政府高官筋によると」などと、あたかも取材をしたかのように誤魔化す例も少なくない。また現地のメディアの報道をそのまま伝えるときもあるが、その際、引写しであることを隠すために、「権威筋」「消息筋」という曖昧きわまる「情報源」を提示することもある。

この「筋」報道がメディア側にとって都合がいいのは、たとえ間違った報道をしても、「筋」から抗議されないことだ。もともと存在のはっきりしない「筋」だから、「筋」

に依拠した報道の責任を問うのも「筋違い」かもしれない。

## 鉄面皮極まるマッチポンプの毎日

２０００年7月6日付毎日と産経の社会面に、石原慎太郎都知事が火山活動の続く三宅島を視察した際、現地対策本部が避難勧告解除の検討などより知事歓迎準備を優先し、避難所では避難民にお出迎えの予行演習をさせたと伝えられたことに対し、知事が6月30日の記者会見で激怒、「木っ端役人の考えかただ」と罵倒《ばとう》したが、５日の都議会本会議で「現地本部による歓迎準備優先」はデマだったと認め、謝罪したとの記事が掲載されている。

しかし、その「デマ」の火元は6月29日付毎日社会面の「心は『知事ご来島に』／『避難勧告解除』会議で検討せず」であったことは明らかだ。それは問題の30日の記者会見で、知事が「新聞もたまには役立つ」と前置きして、「現地本部の対応を伝えた毎日新聞の記事に触れた」と、得意気に書いているのが動かぬ証拠である。

それに続く「警察、自衛隊、消防も巻き込んで、知事様をどうやってお迎えするか、しかも避難所に行ってだな、寝ているおじいさん、おばあさんに練習をさせた。とにかくあきれるね、こりゃ」との発言も、件《くだん》の記事を書いた毎日の記者が根拠のない噂《うわさ》を知事に吹き込んだからではないのか。

ところが毎日の6日付記事は、そんなことはおくびにも出さず、「石原知事が苦～い謝罪／誤った情報で職員罵倒」との見出しを掲げ、ひとごとのように知事を揶揄《やゆ》している。鉄面皮とはまさにこのことだ。知事の早とちりもたしかに軽率だったが、こんな鉄面皮《てつめんぴ》な新聞の与太記事を信じた不明こそ責められるべきだろう。

## 都合の悪いことは隠蔽する朝日

2000年6月18日に行われた石川県の珠洲《すず》市市長選で原発推進派で現職の貝蔵治氏が計画の一時凍結を主張する新人の泉谷満寿裕氏を破って当選したことを伝えるニュースを、毎日は「推進派の現職再選」との見出しを掲げて二段で扱い、産経、日経もそれぞれ推進派の再選を見出し、記事で伝えたのに対し、朝日は見出しもない短信扱いとし、当選したのが原発推進派であることにすら触れなかった。

私のところに来た読者からの投書には、

「巻原発の住民投票の結果、原発反対派が辛勝した時は、マスコミは異様なほどの報道ぶりで、特に朝日の舞い上がり方はすさまじく、わが国民すべてが原発反対に立ち上がったかと錯覚するほどであった。大見出しのトップ記事どころか社説、解説、天声人語や他のコラムで再三にわたり、投書欄を例によって使い、はてはOBの大学教授まで動員して論評させたりもした」

と指摘しているが、その通りである。日頃の自社の論調に背馳《はいち》する都合の悪いニュースは、できるだけ小さく扱い、その内容や意義を読者に知らせまいとする姿勢がまたぞろ発揮されたにすぎない。

その一方で、自社の論調や姿勢に都合のいいことは誇大、過大に扱う。2000年6月4日に発生したブルー・インパルス所属の航空自衛隊練習機二機が消息を絶った事故を、読売は4日付夕刊1面で三段、毎日は第一社会面で四段、産経は翌5日付第二社会面三段で扱ったのに対し、朝日は夕刊1面トップとした。これなど反自衛隊の姿勢から、事故を誇大に扱うことで、自衛隊の危険性を読者にPRしようという底意からだろう。

新聞協会が2000年6月21日に発表した、半世紀ぶりに改定した新聞倫理綱領の「正確と公正」の項には「報道は正確かつ公正でなければならず、記者個人の立場や信条に左右されてはならない」とあるが、「公正」は記者個人だけではなく、そのメディアの「立場や信条」にも左右されては保てないのではないか。その意味で朝日は新聞倫理綱領に常習的に違反しているメディアと言えよう。

# 第4章

# 報道しないものはニュースではないとする傲慢

## 外国人労働者、都議選、共産党、精神障害者、中国・北朝鮮報道…

今までニュース源を独占していたマスコミにとって、自社に都合の良いニュースだけ取り上げ、報道しないものはニュースではないとする傲慢を押し通すことができた。さらに、自社の報道姿勢や論調に反する事実は全く報じず、都合の良いニュースのみ繰り返して報道し、読者をマインド・コントロールするという犯罪的手口さえ横行するようになった。

特に、左翼マスコミにとっての共産党、中国・韓国・北朝鮮報道などに、その傾向が顕著に見られる。

## 自社の論調に都合の悪い事実は無視

内閣府がまとめた「外国人労働者問題に関する世論調査」の結果を報じた2001年2月4日付朝日朝刊で、「不法就労は良くない」(49・2%、十年前の調査より17・1%増)の理由の第二に挙げられている「治安・風紀が悪化」(52・4%)、第三の理由の「売春等で外国人自身の人権が侵害される」(26・9%)が見事に消され、代わりに第四の理由の「日本人の失業者が増える」(21・7%)に続けている。

他紙はすべてこの理由を報道しているから、朝日だけが脱落させたのは書き忘れたわけではなく、それを挙げると外国人に対する差別や嫌悪感を煽《あお》り、社説がことごとに憂えて見せる「偏狭なナショナリズム」を増進すると思ったからだろう。では、朝日の読者は他紙の読者に比べて、世論調査の結果にすら挑発されて頭に血がのぼり、外国人排斥に走りやすい傾向があるのか。とすれば朝日自身が自らの読者を愚蒙《ぐもう》の衆と見て、自分たちが良導してやらなければ暴走すると思っているわけで、これほどの傲慢《ごうまん》はない。

読者の「知る権利」を蔑《ないがし》ろにしてまで自社の論調に都合の悪い事実は意図的に報道せず、読者の目から隠蔽《いんぺい》しようという朝日の姿勢があらわになったことに、朝日の読者は猛然と抗議すべきだろう。それをしないとすれば、自分たちが馬鹿にされていることにも気づかぬうつけ者であることを証明されたようなもので、朝日のマインド・コントロールに喜々として従う朝日教信者と嘲《あざけ》られても仕方なかろう。

## 「近隣諸国条項」を報道基準に

朝日は以前から、若い女性を朝鮮大学校生が集団暴行した事件（事件は１９９９年３月、朝日の報道は同年９月４日付）の報道でも、見出しに「朝鮮大学校生」とは謳《うた》わなかった。もしそれが中央大とか慶応大とか、日本の大学なら特大活字で謳っただろう。朝日にはどうやらおかしげな「近隣諸国条項」が報道の基準としてあるようで、石原慎太郎都知事の「三国人」発言の際も紙面を総動員して反石原キャンペーンに狂奔した。しかし皮肉なことにその後の都民世論調査で石原都知事の支持率は逆に上昇している。不法入国、あるいは不法滞在の外国人、とりわけ中国人による凶悪犯罪が多発していることに都民が不安を抱いていることの証《あかし》だろう。朝日がどう誤魔化そうが、冷厳な事実は動かせないからだ。

その朝日が外国人犯罪を子細に報道したり、防犯を呼びかけることが、外国人への嫌悪と偏見を助長すると考えているらしいことは、２００１年４月30日付朝刊第二社会面の連載「この時代に」第二回の「『嫌悪』の流布／外国人への偏見、根に」と題した記事を見ても一目瞭然《りょうぜん》である。この記事は「根拠のあいまいな情報が社会に広がる」と前置きして、「流言だけではない。昨秋、一万枚に及ぶ『防犯』ポスターが20都道府県の郵便局や金融機関に届いた。イラストの外国人男性が、現金自動預入払出機（ATM）の前で『ワタシ、ワカリマセン』と女性に道を尋ねる。そのすきに仲間がバッグの中の札束に手を伸ばす、という内容だ」と非難がましいトーンで書いている。

しかし、外国人によるそんな手口の犯罪が多発しているなら、それを防止するポスターを郵便局や金融機関に配布して、店頭で客に注意を呼びかけるのは当然で、外国人に対する「『嫌悪』の流布」でも何でもない。防犯上、必要不可欠な措置にすぎない。しかも記事に添えられたコラージュには、石原都知事の写真まで組み込まれている。「嫌悪」を流布している張本人は石原都知事だと読者に思わせようとする狙いに相違ない。

## 「アジア系」とぼかした報道も

一方、2001年5月2日付毎日朝刊は第一社会面で、山形県で4月28日に起きた母娘殺傷事件は、「今年に入って新潟県や茨城県で発生した強盗事件と、粘着テープで住人の体を縛るなどの手口が酷似していることが、山形県警鶴岡署捜査本部の調べで1日、分かった」と報じ、新潟県、茨城県の事件とも、犯人はアジア系外国人と見られ、山形県の事件も犯行前に被害者宅を覗《のぞ》き込んで不審な人物がアジア系らしい言葉を話していたとしている。

問題なのは、この記事では「アジア系」とだけ報じられていることだ。外国語を知らない人でも、イントネーションでどこの国の言葉かはわかるはずだ。警察が被害者や目撃者にいくつかの言語をテープで聞かせれば特定できよう。警察も当然その手の捜査をやっているだろうが、もし毎日がそれでも「アジア系」と意図的にぼかしているなら、毎日までもが朝日と同様の「近隣諸国条項」を報道基準としていることになる。

毎日に限らず、他紙も「アジア系」という表現をしばしば使っているが、どこの国の人間か知っていてぼかしているなら、日本での犯罪発生率の少ない国の人に対して失礼だろう。ちなみに教科書検定や報道基準に使われる「近隣諸国条項」の「近隣諸国」とは、主に中国、韓国、北朝鮮を指しているらしく、マレーシアやフィリピンには適用されていないようだ。

最近はそれがさらにエスカレートして、NHK、毎日などは単に「外国人」とするようになった。「外国人」では犯人がアジア系かどうかすら不明で、犯人についての目撃情報も警察に寄せられなくなるだろう。

## 「金髪先生」逮捕でも都合悪い事実を隠蔽

２００１年5月9日付産経は第一社会面トップで、「『金髪先生』を逮捕／過去に処分50回／校長にけが負わす」との見出しで、テレビ朝日の「朝まで生テレビ」にも教師代表として出演した「金髪先生」が校庭で校長と口論、自分の軽トラックをいきなり発進させて轢《ひ》き倒し三週間の怪我を負わせて逮捕されたことを報じた。

記事によるとこの教師は頭を金髪に染め、卒業式に「日の丸・君が代反対」のゼッケンを付けて出席したり、「日の丸・君が代反対ホットライン」の資料を手に児童宅を家庭訪問したりする「問題行動」が多いため、県教委から五十回も処分を受け、教育現場から外され、研修中だった。

ところが同日付朝日はこのニュースを第二社会面でベタ扱い、内容も傷害事件の概要を簡単に述べただけで、「日の丸・君が代反対」のゼッケン着用はおろか、「金髪先生」と呼ばれていたことさえ報じていない。それはこの奇矯そのものの教師が、朝日が支援する日の丸・君が代反対運動の急先鋒《きゅうせんぽう》だったことを知られたくないからだろう。

おそらく社内では「この事件のために運動が誤解されかねない」との恐れが働き、扱いは最小限地味にして運動との関与を無視してしまえということになったに違いない。この非常識極まる報道姿勢も自社の論調に都合の悪いことは報じない、こすからく小心翼々の朝日の本質を暴露したものだ。

## 都議選の共産独り負けも過小評価

新聞の見出しはそのメディアが読者にいちばん伝えたいポイントを示すものだ。2001年6月の都議選の結果を報じた25日付の各紙1面トップ見出しを、私の読んでいる首都近郊版で並べてみよう。

〈朝日〉「『小泉効果』 自民堅調／50議席を上回る／支持低落に歯止め／民主、目標は確保／共産苦戦」

〈読売〉「自民勝利53議席／都議選に『小泉旋風』／共産は大幅減」

〈毎日〉「小泉効果　自民が勝利／53議席を確保／共産大敗／民主は堅調」

〈産経〉「『小泉効果』 自民勝利／53議席、参院選に弾み／共産惨敗　社民ゼロ」

一日で朝日の見出しの異様さがわかる。自民党は改選前の48議席を5議席も上回ったのだから、誰《だれ》が見ても自民の勝利である。それを敢《あ》えて「堅調」としたのはなぜか。

「堅調」とはせいぜい現状維持ないし微増の際に使われる字句だろう。朝日はよほど読者に「自民勝利」を印象づけたくない事情があると見える。

「共産苦戦」も妙だ。「苦戦」とは選挙途中の情勢分析などに使われる言葉で、選挙結果の報道にはまず使われない。しかもこの見出しは前文の後の三段の小見出しの下に、小さな活字で二行に割ってある。この都議選の特徴は共産党の独り負けであって、どうやらその事実になるべく読者の注目が集まらないようにしたいとの朝日の思惑が露出したものと言えよう。

## 共産の規約改正に手厳しい産経・読売

教職員組合などに未だ強い影響力を持っている共産党だが、その共産党は２０００年11月24日の第二十二回党大会で志位和夫書記局長を委員長に据えた新指導部体制を布《し》き、規約から「労働者階級の前衛」「社会主義革命」などの文言を削除、「労働者階級の党であると同時に、日本国民の党」と改定するなど、柔軟路線を打ち出した。

これに対して同月25日付産経「主張」は、「狡猾さ示した〝横ずれ戦術〟」と題して、「イメージを巧妙に〝横ずれ〟させただけで、党の本質は少しも変わらないのではないか」と疑問を投げかけ、「本質的な変身には、マルクス・レーニン主義からの明確な決別宣言が必要ではないか。規約改定や大会決議は、しょせんは文言の変更による〝擬態〟としか受け取れない」と、今回の「柔軟路線」が「戦術的なイメージ転換が、多くの国民に評価されることはあるまい」と断じている。

同日付読売社説「『柔軟路線』が示す矛盾と限界」も、「自衛隊解散や日米安保条約の破棄論、天皇制廃止論などを規定しているのは基本路線を定めた綱領だ。志位氏は、大会後の記者会見で、将来の綱領見直しの必要性を明言した。が、同時に、『原則的な立場は、断固として貫く。柔軟頑固路線だ』とも言う。文章表現をわかりやすく変更することや、若さをアピールする表向きの柔軟路線ではあっても、本質的には綱領の内容を一切変更しないことを自ら表明しているようなものだ」とし、「衣を替えても、中身がそのままでは、共産党の目指す民主連合政府の実現などとても望めない」と結んだ。

## 共産党の本質に触れぬ朝日

共産党の本質について一切触れないのは朝日で、同日付総合面「時々刻々」では、「作務衣《さむえ》姿の僧職の代議員（四一）が討論に立った。党歴二十一年。地域での地道な党員の活動を『まさしく現代の菩薩業《ぼさつぎょう》。下手な宗教者以上に宗教者らしい』と語り、会場を沸かせた」とか、「代議員の中には金色に髪を染めた若者もいた」とか、いかにも共産党も変わったというイメージを振りまくのに汲々《きゅうきゅう》としている。朝日は共産党のPR係にまで成り下がったのかと思わせる内容だった。

もっとも、翌26日付社説「この変身は本物か」では、自衛隊の活用容認をめぐって、「自衛隊の容認につながる」との異論が噴出するなど、現実路線を進めれば進めるほど、党を支えてきた中核的な活動家層の反発を呼ぶことが変革を難しくしていると指摘、「志位氏らが、綱領改定に言及しながら、その内容について極めて慎重なのも、こうした党内の状況をにらんでのことだ」とし、「けれども、『社会主義革命』を規約から削除した以上、民主主義革命から社会主義的変革を経て共産主義社会をめざすという『二段階革命論』はどうするのか。それが綱領の柱であるだけに、整合性が問われよう」と、新規約と綱領の矛盾を衝いたところは、まだしもの救いと言えようか。

## ナイーヴな共産党観の毎日

毎日は26日付社説「普通の政党へ大きな一歩」で、規約改定を、「前衛」「民主集中制」という独善から脱却して「『普通の政党』に変わろうとしているようにみえる。不破哲三氏らは『分かりやすくした』と説明しているが、党の性格を時代の変化、社会の変化に合わせた点は見逃せない」と評価し、「歴史的ともいえる今回の転換は共産党が変わる大きな一歩だが、普通の政党への道はこれからだ」と結んでいる。しかし共産党の変身が、無党派層の獲得や民主連立政権の樹立のための戦術、マヌーバ（手練手管）ではないのかという本質的な疑問は提示していない。あまりにもナイーヴな共産党観ではなかろうか。

## 革命の運動法則知らぬ朝日・毎日

朝日社説が指摘した「二段階革命論」の「民主主義革命」から「社会主義的変革」を経て共産主義社会を目指すという道程で、暴力が使われる恐れは本当にないのか。共産党はかつて「社会主義的変革」の際は、「敵の出方」によって暴力革命もあり得るとしていた。最近はそういった主張は表に出していないが、真に暴力革命路線を放棄したのかどうかは明確ではない。

そもそも「民主主義革命」とは面妖《めんよう》な用語だ。共産党もその段階では議会主義に則《のっと》ると言っているが、それなら何も「革命」という言葉を使う必要はない。「革命」という以上、それは後戻りのできないものであり、後戻りを許すようなものは「革命」とは呼ばない。仮に選挙で「民主連合政府」が敗退し、野に下れば「革命」は帳消しになるが、そんな「革命」の概念をマルクスが聞いたら墓の中で身悶《みもだ》えするだろう。

共産党の狙う真の「革命」とは、第二の「社会主義的変革」の段階であり、その際はあらゆる手段を通じて警察と軍隊を掌握し、選挙干渉を敢えてしても議会で多数を占め、「多数の意思」を振りかざして共産党独裁を樹立しようとする。それに反抗する勢力は警察力で弾圧し、軍隊で鎮圧する。それが「二段階革命」で成功した「東欧方式」なのだ。朝日・毎日の論説委員も少しは革命の歴史とその運動法則を勉強したらどうか。

## 新聞が絶対に書かない〝聖域〟

新聞がいままで絶対に記事にしなかった聖域がある。政治面では野党の一部が与党から海外視察の際の「餞別《せんべつ》」とか、高級料理店での会食—供応という形で金を貰《もら》っていたことだ。それだけではなく、現ナマが渡されていたという疑いも濃い。これは与党自民党の国会対策費から支出されることが多かったが、なかには首相の官房機密費から流用されたケースもあるという。

なぜ国会対策費からの支出が多かったか。冒頭で触れたように、それは自民党の永久政権と万年野党の社会党という図式が支配した「政治の五五年体制」のなかで、何でも反対の野党に、国会で一応反対の気勢を上げさせ、すったもんだの審議を延々と続け、ときには審議拒否までやらせて「顔を立てさせた」後、やおら収拾にかかるわけだが、そのとき、野党に矛を収めさせる代償に金を渡すという寸法である。

塩川正十郎財務相が大臣就任の一年前に、「官房機密費から野党に金を渡していた」と、かつて官房長官であったときの体験を語り、それが国会で問題になると「忘れた」「週刊誌の情報と自分の体験と混同していた」などとお惚《とぼ》け発言をしたのも、そうでも言わないと野党がムキになって騒ぎ立て、国会審議が混乱するからだ。しかし金を貰ったと告白した元野党議員もいるから、塩爺の発言は嘘ではなかろう。

自民党の国会対策族と野党の国会対策族との闇取引は、永田町では公然の秘密であった。しかしどの新聞もそれを書いたことがなかったのは、日本の新聞はほとんどの社が「野党精神」を標榜《ひょうぼう》し、とかく野党の側に立つことが正義としてきた手前、野党への国民の信頼を根本的に失わせるような情報は国民の耳に入れたくないとの思惑が働いたと言うしかない。

## 精神障害分野も大きなタブー

日本のマスコミには、一つの大きなタブーがある。それは精神障害の分野で、おおかたのメディアはなるべくその分野には触れないようにしてきた。それは下手にそれに触れると、たちまち「差別を助長する」「人権侵害だ」との抗議が殺到するからだ。

だから凶悪犯罪を犯した人間が、精神鑑定で心神喪失と認定されて不起訴になり、措置入院を命じられても、たかだか一カ月くらいで退院し、あとは裁判で執行猶予のついた被告のように保護観察を受けるでもなく、心神喪失と診断した精神科医が責任をもってアフター・ケアするわけでもなく、事実上の野放し状態である。大阪・池田小の児童八人惨殺事件は、そういう状況のなかで生まれたのだ。

この事件の後、産経だけがタブーを破って、凶悪犯罪を犯した精神障害者の野放しの状況と、精神鑑定の実情などを、２００１年6月19日付からの連載「凶行は防げなかったか／児童殺傷事件の病巣」で詳細に検証した。それを読むと戦慄《せんりつ》すべき実態が浮かび上がってくる。

それによると、よほど重大・凶悪な犯罪か、児童殺傷事件の犯人のように精神障害を装っている疑いが強い場合以外は、簡易鑑定に付されるが、それは長くて三時間で、嘘発見器も使わぬ問診だけで終わるという。これでは精神障害を装って刑罰を逃れようとする「詐病」は見抜けないだけではなく、犯行時に本当に心神喪失状態で善悪の判断能力がなかったかどうかも的確に判断できまい。

しかも検察当局すら、80年頃からマスコミや市民団体の「被疑者の人権を守れ」との大合唱に腰が引けて、少しでも心神喪失の疑いがあれば不起訴にする傾向が強くなったという。現に80年の資料では精神障害によるとされる犯罪者三千六百二十九人の89・9%にあたる三千二百四十人、簡易鑑定を受けた殺人犯三十一人のうち三十人が不起訴となっている。

## 精神鑑定の方法すら確立せず

人間の脳の活動のメカニズムは、最近かなり解明されてきたとはいえ、まだまだわからない部分が多い。それは脳が最も高度で複雑な器官だからであり、心臓みたいに単純な仕掛けのポンプとは訳が違うからだ。従って、精神鑑定の方法もまだ確立されてはおらず、医師によって判断基準が微妙に違う。

脳波検査やMRIによる脳活動検査など物理的な計測も、二、三カ月もかけて精密に診断する鑑定留置では用いられるが、その測定方法が確定していない現在では、結局問診や心理テストに頼らざるを得ないのが実情だ。

問診や心理テストは物理的計測と違って、医師の主観が入る可能性が高い。池田小事件の犯人も、凶行の二年余り前に起こした毒物混入事件では、二人の精神科医が「精神分裂病とは言い切れない」と診断したのに、兵庫県の指定医が分裂病と診断、不起訴になった。こういう状況では、過去の判例や精神障害の症状を研究して、精神障害を装う犯人の詐術を見抜けまい。

しかも学閥によって診断基準がまちまちになっているとの声もあり、ひどい例では死刑反対のイデオロギーから、凶悪犯の精神鑑定を頼まれると、何でもかんでも精神障害で責任能力なしと判定する医師もいるとのことだ。こういう実態も、産経を除くマスコミは報道したことがない。

## 荒れる学会も報道せず

こういう社会の安全確保を全く考えない司法・医療体制が放置されたのはなぜか。それは日本以外の先進国では軒並み実施されている、罪を犯した精神障害者を再犯の可能性がなくなるまで社会から隔離しようとする保安処分や治療処分を実施するための法改正に対し、日弁連だけではなく、精神医学界が声高に反対してきたからだ。人権屋の巣窟のような日弁連は別にして、なぜ当事者の精神医学界までが反対するのか。精神医学界には、全共闘崩れが少なからず入りこんでおり、彼ら過激派が主導権を握っているからだ。

法改正を問う公聴会でも、良識派の発言をすさまじい野次で妨害したり、学会でもヘルメットをかぶった過激派が演壇に駆け上がって「人権はどうなるのか」と絶叫して演壇を占拠、議事の進行を不能にしたりする例が跡を絶たなかった。かくて法や医療システムの改正の必要性を認める学者は、大学での講義を過激派学生によって暴力的に妨害され、授業ができないこともしばしば起こった。

ところがこういう実情をほとんどのマス・メディアは報道したことがない。逆に池田小事件の後も、朝日・毎日のような「人権屋」メディアは社説や解説で「性急・短絡的な議論は避けよう」と、あいも変わらぬ論調で、事態を早急に改善しようとする動きに待ったをかけている。

## 中国・北朝鮮報道に残るタブー

かつては中国・ソ連・北朝鮮など共産圏諸国の社会や政治・経済の実態に触れることは日本のおおかたのマス・メディアにとってタブーだった。それは相手に都合の悪い報道をすると、特派員を追放されたりする恐れがあったからだ。

特派員が追放されると、その国のニュースの自前の報道はできなくなり、新華社とかタスとかの国営の通信社、国営放送を通じて入手するか、西側のメディアの報道を使うしかなくなる。それは激しい競争をしている他社に引けを取ることになるとの恐怖から、なるべく相手国を刺激しないようになり、腰が引けた報道になってしまう。

中国では文化大革命の時期、日本のメディアは次から次へと追放され、遂に中国にわび状を差し出すなど、平伏路線を取った朝日だけが残った。その特派員だった秋岡家栄記者は中国べったりの報道を続け、林彪《りんぴょう》事件すら否定するという日本新聞史上の一大汚点をつくった。

一方、他社が中国のご機嫌を取って次々と北京支局を再開しても、産経だけは毅然《きぜん》とした態度を貫いたため、特派員の復帰は許されなかった。その特派員だった柴田穂記者は、日本にあって終始鋭く的確な中国情勢分析を続け、腰の引けた他社の報道のなかで抜群の光芒《こうぼう》を放った。

## 特派員記事優遇の伝統

私も文革当時、朝日新聞大阪本社で新聞編集に携わっていたが、秋岡記者の記事には泣かされた。やたら長ったらしいだけで内容空疎であり、歯の浮くような中国礼賛を羅列しているだけだから、見出しが取れないのである。強いて見出しを立てようとすると、人民日報などの中国の機関紙みたいになってしまう。そこで同時に送られてきた西側通信社の記事をぎりぎりまで削り、それを前文にしてそこから見出しを取ったものだ。

本来なら、秋岡電などボツにして、ＡＦＰやロイターなど、中国情勢分析にすぐれた西側外電を使うべきだが、編集デスクは秋岡電を使えと言う。それは自社の特派員の記事は、内容はどうあろうと優先せよという、日本の新聞の伝統的な慣習から来ている。

日本の新聞は戦争報道によって部数を飛躍的に伸ばしてきた。その嚆矢《こうし》は日清戦争で、各紙が特派した「名文記者」が筆を競った武勇談などである。日露戦争でその傾向はますます強まり、日中戦争が起こると各紙は多数の特派員を戦場に送り、熾烈《しれつ》な特種競争を演じた。そういう状況のなかで生まれたのが、毎日新聞の前身、東京日々新聞の浅海一男記者による「二少尉の百人斬り競争」というでっちあげ記事である。

これは日中戦争当時、浅海記者が「お二人の武勇伝が新聞に載ると、全国からお嫁さん候補が殺到しますゾ」と甘言で吊り、記事を捏造《ねつぞう》した事件だ。敗戦後、二少尉は中国で戦犯裁判にかけられたが、浅海記者が「記事は捏造である」と証言しなかったため、二少尉は処刑された。

## 特派員追放を失点視する日本のメディア

特派員追放の脅しに屈して、迎合的な報道に終始するくらいなら、毅然として追放されたほうがメディアとしての正道である。西側のメディアは真実を報道したがために追放されたときは、その記者を徹底的に擁護・支援し、社内でも高い評価を与える。また西側のメディアが結束して抗議し、場合によっては一致して支局を閉鎖したりもする。外務省も強硬に抗議し、報復措置として相手国の特派員を追放することもある。

ところが日本のメディアは追放を唯々諾々と受け止め、何とか代わりの特派員の派遣を認めてもらうよう工作することに専念することが多い。追放されると、当該部長などは自分の失点と考え、追放された記者も社内で高く評価されるどころか、ドジな奴と軽蔑され冷飯を食いかねない。

朝日の木村明生氏（現青山学院大教授）はモスクワ特派員時代、朝日の特派員としては異色の、冷静で客観的なソ連報道を続けていたが、ソ連当局には当然のことながら目障りな存在だった。在日ソ連大使館のプレス・アタッシェ（新聞広報担当官）だったプロンニコフ一等書記官（実はＫＧＢ中佐）がしばしば朝日新聞東京本社を訪れ、「木村の送ってくる記事は反ソ的だ。朝日新聞が自発的に更迭しないなら、国外追放の措置を取る」と脅迫した。当時の外報部長は慌てふためいて木村氏に、「君の履歴に傷がつかないように配慮したい」と、通常の社内人事の形で更迭してしまった。帰国した木村氏は調査研究室に追いやられ、以後十年間、朝日紙上には一行の記事も書かせてもらえず、論説委員や編集委員が記事を書く際のデータ作りや年表作成などの下働きに甘んずる他なかった。

この朝日の態度を、欧米の新聞のそれと比較すると、まさに月とスッポンである。木村氏が更迭される直前に、ソ連の反体制運動内部に強力な情報源を持ち、数々の特ダネをものにしたロンドン・タイムズのボナビア記者がソ連当局の忌諱《きき》に触れて国外追放されたときは、タイムズの社長がロンドンの空港にボナビア記者を出迎え、労をねぎらった。そのうえタイムズは抗議の意味でモスクワに代替の特派員を派遣せず、半年後にはソ連のほうから頭を下げて特派員派遣を要請した。

## 情報源を大事にするあまりの迎合

記者にとって情報源を確保しておくことは、何にもまして大切である。しかしその情報源とのパイプを太くしておくことに専念するあまり、その情報源のご機嫌を損じて情報を遮断されるのを恐れ、ついつい迎合的な記事を書くこともしばしば起こる。

たとえば政治記事は、特に自民党の場合、各派閥から内幕情報を得られることが多い。そうなるとその派閥担当の記者は、できるだけ派閥に食い込み、派閥の幹部と身内同然の関係になるよう腐心する。そうしなければ貴重な情報を漏らしてくれないからだ。

その関係が続くと、その派閥が他の派閥に掣肘《せいちゅう》を加えたり、自分の派閥に有利なように政局が展開するような思惑を交えた情報を、そのまま記事にする結果にもなってしまう。新聞の政局記事も注意深く読むと、どの派閥の思惑がからんでいるかわかり、出所も推測できる。

テレビでも、かつてオウム真理教がワイドショーなどの花形だった頃、オウム幹部の「生出演」を「売り」にするため、オウムに迎合する内容になりがちで、批判や真実への切りこみが乏しかった。これも情報源を大切にしすぎた余りの所業といえよう。

## 弁護士の論理が横行する理由

少年犯罪の記事も同様だ。逮捕後の少年の心境や動静、審判の様子などは、家庭裁判所から情報が取れることはまずなく、付添人と称する弁護士から取るしかない。弁護士のなかにはその立場を利用して、容疑者に有利になるような情報ばかり流そうとする者もいる。これは明白な情報操作だが、それに批判的な記事を書いたり、ボッにしたりすると、次からは取材拒否に遭う危険性がある。そこでついつい迎合的な、一方的な「弁護士の論理」に忠実な報道をするようになってしまう。

大阪・池田小の児童大量殺傷事件の犯人取り調べの際にも、犯人が亡くなった子どもたちへの謝罪文を書いたと報道されたのを、弁護士が「取調官に強要されたものだ」と警察に抗議したが、その翌日、犯人が「弁護士の目標と私が望んでいる考えと全く違う」として、弁護士二人の解任届けを出した。

供述によれば、接見した弁護士は、「自分で書いたのと違うだろ。警察にむりやり書かされたんだろう。君の意思じゃないだろう」と一方的に強引に決めつけたので、犯人は「私は弁護士を通じて遺族のみなさんに気持ちを伝えたかったが、弁護士は反対に私の感情を逆撫《さかな》でするようなことを言ってきた」と怒りをあらわにしたという。

弁護士らが謝罪文を「強制的に書かされた」と取材陣に伝えたのは、自白を強要されたものとして、裁判を有利に運ぼうとする法廷戦術の下敷きだろう。しかし取り調べ側が直ちに詳しい供述内容を公表してしっぺ返ししたので、この企みもおじゃんになったわけだ。

歴史認識、不況、北朝鮮、池田小児童殺傷事件、阪神・淡路大震災…

# 第5章

# エリート気取るインテリもどき

自虐史観を振りかざし、いつまでも国民に負い目を抱かせる、暗いニュースを好み深刻ぶる、強いものには平伏する、浅薄なヒューマニズムを押しつける…。一般大衆より一段高いところから世の中を見渡すインテリもどきのマスコミ。無知な民には自分たちが正しく指導してやらねば、大衆はどう暴走するかわからないと思い上がっている。社説で空疎なお説教を偉そうに垂れるのもその表れだが、彼らは善悪二元論から抜け出せていない。また、自社の報道や編集責任には頬被りして他者を攻撃するという「特権意識」も見られる。

## 愚昧な大衆を善導しなければとする傲慢

おおかたの新聞記者は、自分を一般大衆、つまり読者よりも一段高いところにいるエリートだと思っている。そして自分たちが正しく指導してやらねば、大衆はどこへ暴走するかわからないと思い上がっている。朝日の社説が空疎なお説教を偉そうに垂れるのもその端的な表れである。

にもかかわらず内実は新聞記者の知的水準は高くない。なかには基礎的な知識すらない者もおり、経済部記者が初歩的なミスを犯したり、「歴史認識」を振りかざす社会部記者が歴史に無知であったりするのは珍しくない。

彼らはおおむね「白か黒か」という単純な善悪二元論にどっぷり浸かり、多元的なものの見方や「白でも黒でもないグレーゾーンに真実がある」ということもご存じなく、ワンパターンの思考で記事を書いている。そういう手合いはインテリではなく、インテリもどきと呼ぶにふさわしい。

このエリート意識は、自らを省みずして他を言う、自社の報道や編集の責任には頬被りして、他者を批判、攻撃するという「特権意識」をも生み出す。朝日は林彪《りんぴょう》事件すら報道しなかったかつての偏向中国報道について、未だに読者や社会に対して一言の謝罪もしていない。その新聞が日本が過去の侵略戦争に対して謝罪していないなどと言い張るのは身のほど知らずそのものだ。

またマスコミは他産業の企業や官庁に対しては「情報開示」を強く求めているが、経営などに関する情報の開示が最も遅れているのはマスコミなのである。これも自分たちに都合の悪い情報は報道しなくてよいと思い上がった特権意識だろう。

## 自らを省みて他を言え

ナショナリズムがお嫌いの朝日は、２０００年9月24日付社説「陶酔がもたらすものは」で、「抑制が利いた健全なナショナリズムは、多様な国際社会に彩りを添える。競争と団結のエネルギー源でもある」とナショナリズムの効用を認めながらも、「けれども、ひとたびナショナリズムが、居丈高な自己主張にすぎないものになるなら、これほど危なっかしいこともない」と続けた。

お説ごもっともながら、その警告は日本よりも中国や韓国になさったほうが宜《よろ》しかろう。この両国ほど「居丈高な自己主張」に基づく偏狭なナショナリズムを振り回している国はないからだ。ところが朝日は、両国がその種のナショナリズムを煽《あお》る手段として愛用する「歴史認識」を錦の御旗と押しいただき、日本国民に負い目を抱かそうとする心理戦略の片棒を喜々として担いできた。自らを省みて他を言え。

その自省のなさは、戦前の日独伊三国同盟締結の際に、「『米英何するものぞ』といった偏狭なナショナリズムの高揚があり、それをあおり立てるメディアの存在があった」と、他人事のように書く記述にも露骨に表れている。2000年9月29日付産経総合面に掲載された佐瀬昌盛拓殖大教授の「『朝日』は『国家』がお嫌い？」が指摘しているように、満州事変以降、偏狭なナショナリズムを煽るマス・メディアの先頭を走っていたのは朝日なのだから、「メディアの存在があった」もないものだ。なぜ「わが朝日新聞をはじめ」と率直に書かないのか。

朝日は同盟締結に先立つ1938年8月のヒトラー・ユーゲント（青少年団）の訪日の際、1面トップに「姿頼もし沸く歓呼／親愛溢《あふ》るる駅頭／彼我胸震う交歓会」と、自己陶酔の極のような大見出しを掲げてナチス・ドイツブームを煽り、二年あとの三国同盟締結へのレールを敷いたことを忘れたのか。

## 暗さが売り物の朝日社会面

その朝日の紙面、特に社会面は日本国民の気を滅入らせるような暗いニュースが目白押しに並んでいる。汚職、環境悪化、不景気などの他、お得意の自虐史観記事もしばしば登場する。長期不況のなかで事業を発展させ、収益を伸ばしている「元気印」企業のニュースなど薬にしたくとも見当たらない。

朝日が暗いニュースを好むのは、深刻ぶるのがインテリだと思っているからだろう。大正の終わりから昭和にかけて私小説が流行《はや》ったが、その大部分は女に振られたとか、親と喧嘩《けんか》したとか日常の些事《さじ》をこの世の終わりかのように深刻ぶって書いた小説で、ある口の悪い文芸評論家が「真っ昼間に雨戸を締め切ってマスターベーションに耽《ふけ》っているようだ」と評したことがある。

深刻ぶるのがインテリでエリートだ、という思い込みは戦後も続き、学生街の名曲喫茶ではベートーベンかブラームスの重苦しい音楽を聞きながら長髪をかきむしっている青白い顔の常連をよく見かけた。彼らはモーツァルトなどの軽快で明るい曲など聞かず、他の客がウィンナワルツなどをリクエストしようものなら、ありありと軽蔑《けいべつ》の色を浮かべて足音荒く出ていった。

進歩的文化人も、日本は最低の国として現状と未来を真っ黒に塗りたくり、逆にソ連や中国、北朝鮮をこの世の天国と褒めそやした。その努力も虚しく、最低の日本が経済大国になって国民の生活水準も飛躍的に向上し、逆にソ連・東欧は崩壊し、北朝鮮は飢餓に喘《あえ》ぐようになり、いまや進歩的文化人は過去の遺物となった。

## 明るいニュースは忌避

２０００年6月5日、労働省は五月の労働経済動向調査で、来春の大学・高校の新卒採用予定数が、今春の採用実績を上回ったと発表した。「増加」と答えた企業の割合が「減少」を上回ったのは三年ぶりで、超氷河期が続いた就職もやっと薄日が射してきた感じだが、6日付紙面で読売・毎日・産経がこのニュースを1面トップに据えたのは当然だろう。

ところが朝日だけは2面最下段のベタ記事と最低の扱いだった。朝日は悲観的な暗いニュースは大きく扱うが、明るいニュースはできるだけ小さくする性癖がある。社会がそれでますます暗くなり、悲観的な空気が充満して「革命的状況」に追い込まれ、総選挙で与党が惨敗、共産党が参加する人民連合政権ができればとひそかに願っているのではないかと勘繰りたくもなる。いや、最近の朝日の左翼傾斜を見ていると、案外当たっているかもしれない。

その社のニュースに対する価値観は、記事の扱いと同時に、記事のなかのどの要素を主見出しにするかでわかる。２０００年6月9日に発表された経企庁の国民所得統計速報には二つの要素があった。一つは一〜三月期のＧＤＰ伸び率が実質２・４％と、四年ぶりの高い伸び率となったこと、もう一つはそのおかげで、昨年中はマイナス成長だったGDPが2000年度は通算して0・5％の伸びとなったことだ。

前者は設備投資の回復と伸びで景気に明るさが戻り、今後も引き続いた成長が期待できるのではないかとの希望を抱かせた要素だが、後者はいままでの景気の低迷を追認する後ろ向きの要素だ。そのどちらを主見出しにするかで、各紙の姿勢が如実に反映される。

この速報を報じた9日付夕刊の主見出しを見ると一目瞭然《りようぜん》である。読売・産経が前者、朝日・毎日が後者である。特に朝日は「一～三月期2・4％」は脇見出しですらなく、三段の小見出しにすぎず、脇見出しは「政府見通し下回る」となっている。この新聞がいかに日本の現状と未来を暗く読者に印象づけることに腐心しているかが露呈しているというものだ。果たせるかな、翌10日付の解説や論評も、読売・産経はポジティブな、朝日・毎日はネガティブなトーンだった。

「景気は気から」と言う。マスコミが悲観的な情報や見通しばかり流すと、世のなかがますます心理的に落ち込み、消費者の購買意欲を削《そ》いで個人消費が落ち込み、企業の設備投資意欲すら頭を押さえられてしまう。その後、2000年後半から景気回復は足踏み状況になり2001年初頭からは下降しはじめたが、これには「真っ暗がお好き」の朝日の報道が一役買っているかもしれない。

## 北の恫喝で「拉致」禁句にした朝日

エリート気取りのインテリもどきは、日頃の偉ぶった言説とは裏腹に、露骨な恫喝《どうかつ》に弱いのが特徴だ。1999年12月、村山富市元首相を団長とした北朝鮮訪問団が出発直前に、横田めぐみさんの両親ら拉致《らち》被害者家族が「拉致された日本人の救出なくして北朝鮮との国交正常化を行ったり、援助を行うなどの言質を与えないこと、拉致日本人を解放しなければ今後、より厳しい制裁措置を取ると北朝鮮側に伝えること」と要請したが、朝日・毎日はその要請を一行も報じなかった。

そのうえ、驚いたことに、訪朝団と北朝鮮の合意を報じた3日付朝刊でも、朝日だけは本文にはあるものの、見出しとしては「拉致」という語を全紙面のどこにも使っていない。4日付「産經抄」によれば、金容淳《キムヨンスン》書記は訪朝団同行記者団に対しても「(『拉致』という言葉を)マスコミも使わないよう注意すべきだ。今後はどこの社がこの言葉を使ったかを調べたい」とあからさまな恫喝を加えたというから、朝日はそれに怯《おび》えたのだろう。

「拉致」の代わりに朝日は1面トップの脇見出しで「人道問題　赤十字で協議」と謳《うた》

っている。朝日は拉致疑惑も日本人妻と同列の「人道問題」としたいと見えるが、それは金書記との会談における発言に示された村山某の姿勢と瓜《うり》二つで、北朝鮮の思う壺《つぼ》に嵌《は》まっている。朝日は村山某と同じ穴の狢《むじな》なのだろう。

この村山訪朝団の同行取材を、産経だけが拒否されている。その経緯は産経1日付夕刊1面に詳述されているが、日頃、北朝鮮に対する歯に衣着せぬ論評や、都合の悪いニュースも敢然と報道する姿勢が逆鱗《げきりん》に触れたのだろう。

同行取材拒否に対して村山団長は「コメントできない」と言ったが、ひたすら北朝鮮のご機嫌を損じまいと小心翼々《よくよく》としている村山某や朝日は別として、日本のマスコミ界としてこのようなあからさまな言論弾圧に対して、毅然《きぜん》として対処することはできないのか。

欧米なら各メディアが団結して抗議、一社でも同行取材を許さないなら、他のメディアも取材をボイコットするなどの強硬手段を取るだろう。それでこそ、言論の自由を旗印にするマスコミの面目も立とうというものだ。それを知らぬ顔をしているのは、北朝鮮に平伏してでも自社だけでも取材できればいいとするさもしい根性の表れではないか。マスコミ界の奮起を望むこと切である。

## 金正男強制退去を評価した朝日・毎日

エリート気取りのインテリもどきは、他者の言説を「短絡的」だとか「性急に結論を出すな、慎重に議論を」などとたしなめるのが得意だ。そしておのれの言説を「冷静な熟慮の結果だ」と自画自賛する。

殺人など凶悪な少年犯罪が続発して、少年法の改正が叫ばれたときも、大阪・池田小の児童大量殺傷事件で精神保健福祉法、刑法を改正して、再犯の恐れのある触法精神障害者を専門の医療施設に収容する「治療処分」の必要が唱えられたときも、朝日・毎日はそのレトリックで反対した。

それは2001年5月1日、成田空港で北朝鮮の金正日《キムジョンイル》総書記の長男で、後継者と目されている金正男《キムジョンナム》氏らしい人物が、偽造旅券を使って家族と見られる二女性と男児を同伴して入国しようとし、入管当局に拘束されるという驚天動地の事件が発生し、政府が早々に国外退去させる方針を決め、金正男本人かどうかをも確認せず、逮捕して入国目的を究明する措置も取らず、4日、北京へ送還したという処置に対する評価でも、朝日・毎日と読売・産経で真っ二つに分かれたことにも表れている。

5日付朝日社説「それにしても不可解だ」は、「政府が事態を長期化させず、一般の不法入国者と同様の国外退去処分にして素早く収拾したことは賢明な対応といえよう」と政府の措置に賛同し、「北朝鮮による日本人拉致問題の解決のために取引材料として役立てるべきだ」などの声に対して、「拉致問題の早急な解決を願う家族の人たちの気持ちは理解できる。政府の処置には納得できないものがあるだろう」としながらも、「しかし男性の身柄拘束を続けることが、果たして問題解決の近道だろうか。むしろ従来通り国交正常化交渉のなかで粘り強く解決を図っていくべきではないか」と説いている。

では、従来通りの交渉で、拉致問題を解決できる目途や方策があるのか。日本では会議などで、聞こえはいいが全く具体策を欠いた抽象論、精神論を振り回して座を取り仕切ろうとするインテリもどきがいるが、朝日の論説委員はその典型だろう。北朝鮮はいままでの交渉で「拉致はでっちあげだ」と突っ張り、コメ援助をもらっても「くれるというからもらってやっただけだ」と嘯《うそぶ》く始末だ。

こういう相手に対しては、強力な取引材料、外交カードを用意しなければ交渉はにっちもさっちも進まない。それとも朝日は北朝鮮がそんなに物わかりがよく、他国民の人権にも配慮した国だと思っているのか。

そんな国ならそもそも他国民を気儘《きまま》に拉致したりはしないはずだ。朝日の姿勢は

「甘ちゃん」というより、別の思惑からだろう。北朝鮮に媚《こび》を売って他社に先んじて平《ピョン》壌《ヤン》支局開設を許可してもらおうという魂胆ではないか。それが実現するなら国益を損じ、国を売っても平気の平左なのだろう。

## 同じサヨクでも毎日は天真爛漫のバカ

同じサヨクのインテリもどきでも、朝日の狡猾《こうかい》さに比べ、毎日は天真爛漫《らんまん》のバカサヨクだ。同日付毎日社説「次は本物の旅券でどうぞ」は、日本政府の国外退去処分は「事件を政治問題にしないという選択である。日朝国交正常化交渉への影響を最小にしたいという意思の表明であり、やむを得ない選択だった」と、朝日と同様の評価をした上で、「正男氏は将来、父の後継者になると目されているという。コンピューター技術に詳しく、日本語が多少わかるという説もある。それほどの人物なら、次回からは偽造パスポートなどという非常識なやりかたはやめて、本物のパスポートで来ていただきたい」と大真面目《おおまじめ》に提言している。

偽造旅券の行使は、立派な犯罪である。それを単に「非常識」とするなど、毎日の国際法秩序軽視は犯罪的ではないか。おまけに金正男らしい人物が使った偽造旅券は精巧なもので、偽造専門集団の手になるものか、あるいは北朝鮮の機関が偽造した疑いもあり、その裾野は広い。日本政府はこれを追及する機会も逸したわけだ。

毎日社説は続けて「だが見方によっては、金総書記の長男一家がディズニーランド見物希望というなら、北朝鮮指導部は日本に心底からの敵意を抱いていないのかもしれない。そうでなければ家族連れで観光に行こうなどと思わないだろう」とアンポンタンな分析をしている。

日本にたまたまあるアメリカ由来のディズニーランドを見に来たからといって、日本に敵意を抱いていないなどと推論する、この論説委員の頭の配線は狂っている。

たしかなのは、北朝鮮指導部が日本を嘗《な》めきっていることだ。総書記の後継者に偽造旅券を使わせたのも、精巧なものだから気づかれないという自信があったのだろう。また万一発見されても、日本政府は北朝鮮の威光を恐れて強硬手段は取るまいとタカをくっていたに違いない。果たしてそれは北朝鮮の読み通りになったが、これで日本政府の腑抜《ふぬ》けぶり、事無かれ主義が世界に公表された。北朝鮮はこれに味をしめて、もっと精巧な偽造旅券で日本に工作員などを送り込んでくるのは疑いない。

## 事無かれ主義を批判した読売

政府の措置を真っ向から批判したのは同日付読売社説「事件を『藪《やぶ》の中』にしてい

いのか」。同社説は「何とも奇怪な、しかし重大な事件である」と前置きして当時の森山眞弓法相が「身元の確認はできなかった」として一般的な手続きで国外退去処分にしたことを、「確認できなかった」という説明だけでは釈然としないとし、「法務省はまず、この不審な事件を藪の中に入れないで真相を国民に説明する責任があるのではなかろうか」と詰問している。

そして「もし、退去命令が十分な事情聴取のうえ決定されたとしても、『金正男』氏はそれに何と答えたのか。偽造旅券はどこでどうやって入手したのか。北朝鮮の重要人物であるなら、単独行動するとは考えにくい。日本国内で面倒を見ようとしていたグループがあるはずだ。この男には過去にも入国歴があったという。今回、国内滞在予定場所など徹底的な調べは行われたのか。入管当局がこの男を不法入国容疑で警察に告発しなかった理由についても説明が必要だ」と、国民の誰《だれ》もが抱く疑問を投げかけている。

そして、これも偽造旅券で日本人になりすました工作員による大韓航空機爆破事件や、工作船の日本領海侵犯事件などでも、北朝鮮は関与を認めていない事実をあげ、「微妙な問題があるにせよ、北朝鮮相手には、筋を通した姿勢を貫くことも肝要だ。それなしには、日朝関係の真の進展はあり得ないだろう」と、「不法入国しようとした男性を金正男氏と特定できるまで取り調べたり、刑事告発したりすれば、北朝鮮との関係はさらに悪化し、日朝交渉は断絶しかねない。政府がそう判断したとしても不思議はない」とする朝日社説、「日朝関係正常化を願う日本の姿勢を北朝鮮はきちんと受け止めてもらいたい」とした毎日社説とは、正反対の結論を出している。

## 北朝鮮の本質衝いた産経「主張」

「北朝鮮の最高指導者の息子で後継者とも目されている人物が、偽造旅券を使うという手口は、まさに国際常識を逸脱した『テロ国家』の体質を象徴する事態といわなくてはなるまい」と、北朝鮮という国の本質を衝いたのが同日付産経「主張」、「テロ国家体質ににじむ手口」だ。

同「主張」は「国交正常化交渉も昨年十月以来、中断したままだ。今回の〝事件〟を関係打開へのカードに使うという政治判断はできなかったのか」と嘆き、「拉致被害者の家族が『絶好の材料を拉致問題解決に活用しないのであれば、明白な国民への背信』と怒っているのももっともである」としている。

同日付「産經抄」も、政府の処置について「戦略的な配慮や外交上の計算で、事件をなかったことにするという選択もないわけではない。事態をチャラにすることで相手に恩を売るといった現実的な構想もある。しかし問題は、相手がこちらのそうした〝惻隠《そくいん》の情〟をきちんと受けとめ、評価し、感謝できる国かどうかということである」と喝破している。

然《しか》り、北朝鮮は過去の行状から、他国の批判に対してはただ突っ張るだけで反省など毛ほどもない、いわば逆ギレしやすい非行少年同然の存在だ。それを朝日・毎日などはあたかも良識のある大人のように扱っている。これはバカというより、やはり薄汚い思惑があるからだろう。

読売・産経の論調と、インテリを気取る朝日・毎日と、どちらが本当の知性の持ち主か、両者を読み比べてみれば一目瞭然である。朝日は「朝日の社説やコラムが、大学入試問題に一番多く取り上げられています」との触れ込みでＮＩＥＳ（Newspaper in Education System＝新聞記事による教育システム）に自社の記事を教材とするよう売り込んでいるが、こんな似非《えせ》インテリの記事を教材にしたら、子どもの知能の発育が遅れるのではないか。

## 犯人への同情がヒューマニズムか

浅薄なヒューマニズムを売り物にするのもインテリもどきの特徴である。池田小事件を報じた2001年6月9日付朝日1面トップの脇見出しの「自殺を図り死ねず」もおかしい。犯人が「何回も自殺を図った」と供述していたのは事実だが、二十歳過ぎに入院していた精神病院で飛び下り自殺を図ったことはあるにせよ、その後何度も自殺を図ったという形跡はなく、犯行前に自殺を図ったこともない。

むしろ「捕まって死刑になりたかった」のほうが、犯人の心の動きを的確に示すもので、産経のようにそれを見出しに取るべきだろう。それを「自殺を図り死ねず」という見出しを敢《あ》えて掲げたのは、何か犯人に対する同情を呼ぼうとする目論見《もくろみ》かもしれない。

そのトーンは6月9日付社説「異常な事件に言葉を失う」のなかの、重大犯罪を犯しながら責任能力の点で不起訴または無罪になった人間の処遇について、「再発を防ぎ、同時に本人の福祉にもかなう対策に向けて衆知を集めなければならない」との記述にも窺《うかが》える。

今度の犯人や、神戸の児童連続殺傷事件の少年は、極言すれば「人間の皮をかぶった鬼畜」であって、そういう手合いの「福祉にもかなう」対策とは何か。対策は再発防止が至上命令であって、そういう姿勢で対策を練らなければ、またぞろ今回のような事件が起こる。

神戸の少年の殺人も性衝動が手伝っていた疑いがあるが、性衝動による殺人犯は、再犯の危険性がすこぶる高い。はっきりした動機のある殺人ならば、動機が消滅すれば再犯の危険はないが、性衝動は性欲がなくなるまで続くからだ。従って日本でも、社会復帰した性犯罪者の所在を住民に知らせる、アメリカのミーガン法のような法律が必要になるが、それと「本人の福祉」とは水と油だ。朝日の論説委員諸公は、犯人にも同情するようなポーズを取るのがヒューマニストの証《あかし》とでも思っているのだろう。

## 野放し防ぐ治療処分制度の確立急げ

池田小事件の最大の問題点は、二年前に勤務先の小学校で精神安定剤を給湯用のポットに混入して教師らに飲ませたとして逮捕されたが、責任能力が問えないと判定されて措置入院したものの、一カ月余りで退院、精神病院に入退院を繰り返しながら、結果として「野放し」になっていた点だ。

9日付読売総合面特集は精神障害者の犯罪の予防策を追求し、東京都精神医学総合研究所の五十嵐禎人主任研究員の「わが国では、犯罪を犯した精神障害者の処遇については、法的枠組みと専門治療組織の両方が欠けている」とのコメントを伝えている。

そして、「法務省が七三年と八一年の二度にわたり、他人に危害を加える恐れがある者を隔離・治療する保安処分の立法化を検討したが、その都度、日本弁護士連合会や精神医療関係者から『医療の充実が先決』『人権上の問題が大きい』などと強い反発を受け、断念した経緯がある」と指摘している。

そのときに保安処分が立法化していれば、今度のような事件は未然に防止できたはずだ。人権屋の巣窟といえる日弁連が反対したのは当然だが、なぜ精神医療関係者までが反対したのか。わが国の精神医療関係者は、とかく患者の人権のみを言い立てて、社会的責任を等閑視する傾向がある。

池田小事件でも、犯人は逮捕時に「精神安定剤を十回分飲んだ」とか、わざと支離滅裂な供述をして精神病者を装い、刑を逃れようとした疑いが強いと報じられた。となると、二年前の事件で精神病と診断されて措置入院となった際も、精神病を装った可能性が高い。もし誤診なら、その責任は誰にあるのか。それに味をしめた犯人が、精神病や心神耗弱を装えば死刑になることはないとタカをくって今度の凶悪事件を起こしたとすれば、誤診の責任はますます重大となろう。

## 毎日も「短絡的」と制度改正に水を差す

小泉純一郎首相は２００１年６月９日、刑法改正を含めた法整備を早急に進める考えを明らかにしたが、10日付毎日1面解説は「冷静な議論、不可欠」と題して「参院選を控えた政界が即効性だけを追求すれば、二十年前に葬られた『保安処分』構想を復活させる可能性もある」といち早く警戒の念を表明、「首相人気に頼って短絡的な議論に陥ってはならない」と結んだ。

「短絡するな」は朝日・毎日など「人権派」の常套句《じょうとうく》だが、そういう言葉を振りかざして小田原評定に耽《ふけ》っているうちに池田小の事件が起きたのだ。精神病患者のうち凶暴性を示している者、措置入院処置を受けた者で再犯の危険性が高い者だけを厳格に限定して入院治療を命じ危険がなくなるまで退院させない「治療処分」制度を早急に確立、そのための専門医療組織・施設を創設すべきだ。それが精神病患者は危ないという偏見をなくすことにもなる。

マスコミに巣食うインテリもどきの薄っぺらなヒューマニズムに惑わされて制度改正の決断が遅れれば、第二、第三の池田小事件の続発を防げまい。

## 似非ヒューマニズムの典型の朝日記事

薄っぺらな似非ヒューマニズムは新聞の社会面に目立つ。これは社会部記者の奉るモットーみたいなもので、これに縋《すが》っている限り、非難攻撃される恐れはなく、読者への訴求力も大きいから、似非ヒューマニズムは昔から社会面記事で幅を利かせていた。

かつて朝日の「名文記者」が、冬の雪山の遭難救助活動をルポして、捜索救援隊が遭難者の遺体を荷物のように折り曲げて橇《そり》に積んで下山したことを非人道的と非難したことがあったが、これなど、そうでもしなければ二重遭難の危険があることを無視した似非ヒューマニズムというしかない。

また、日本の降伏から一週間後の1945年8月22日、北海道留萌《るもい》沖で、主に老人や婦女子を乗せた樺太からの引揚船三隻がソ連潜水艦隊に攻撃されて二隻が沈没、一隻が大破して千七百余人が犠牲になった痛ましい事件があったが、講和成立の後、その事件を報じた朝日は、それがソ連潜水艦の仕業であることを解明するどころか、数少ない救命ボートに泳ぎ着いて這《は》い上がろうとした遭難者を、既にボートに乗り込んでいた人たちが突き落としたことを、悪虐非道の所業であるかのように非難した。

しかし救命ボートはそのとき既に超満員で、そこへ遅れてきた遭難者が這い上がろうとすれば、転覆して助かるべき人間も命を失う危険がすこぶる大きい。この問題は既に古代ギリシャの時代から「カルネアデスの舟板」として論じられている。

船が難破して舟板に縋《すが》って漂流していたカルネアデスという名の船員のところへ、

他の遭難者が寄ってきて舟板に取りつこうとした。カルネアデスはこれでは一緒に死んでしまうと判断して、その遭難者を突き飛ばし、溺死《できし》させたのだが、それが罪になるかどうかという問題である。

哲学者たちが下した結論は、もしそうしなければ二人とも死んだのだから許されるというものであり、それが近代刑法でも「緊急避難」の概念として定着している。朝日はそんな緊急の場合でも、共に死ぬのがヒューマニズムだと考えている。これこそ似非ヒューマニズムに取りつかれた記事の典型に他ならない。

## 苦渋の選択を無視した久米宏の放言

阪神・淡路大震災でも、テレビ朝日の「ニュースステーション」で、久米宏キャスターは警察官や自衛隊員が、崩れた家屋やビルの下になって生き埋めになった被災者が、助けを呼んでいるにもかかわらず見殺しにしたと非難を浴びせたが、震災発生当日は、自・社・さ野合政権の村山首相が手を拱《こまね》いていたため、自衛隊や他府県からの機動隊の出動が遅れ、災害救助のための人員が極端に不足していた結果、救難に手が回らなかったのが実情であった。

人手も足らず、いまは自衛隊が師団単位で装備している、ゴム袋を隙間《すきま》に入れて圧搾空気で膨らませ、最大二トンまでの瓦礫《がれき》や木材を持ち上げられるものや、鉄筋コンクリート破砕機もなく、素手とシャベルだけに頼っていたから、生き埋めになった人の救助は、すぐ引き出せる人を優先するのは当然だった。

助けを呼ぶ声を確認し、生き埋めになっていることが確認できても、人力では撤去不能の重いコンクリートの塊などが積み重なっている場合は、救出をあきらめて助け出しやすい人から手をつけるのも止むを得ない。

家族の気持ちとしては耐えられないだろうが、こういう非常事態の際は、一人でも多くの人命を救い出すために苦渋に満ちた選択を迫られることもある。そういう事情を無視した放言を敢えてする久米などは、似非ヒューマニストの面目躍如だろう。

## 大震災で横行した窃盗団の情報も流さず

阪神・淡路大震災といえば、新聞やテレビがほとんど報道しなかった深刻な事実があった。それはいわゆる火事場泥棒の横行で、震災発生から間もなく、店員が避難して無人となった目抜きの商店街で、放置された金庫や貴金属店の宝石、貴金属、高級時計などを狙う窃盗団がわがもの顔にのさばった。なかにはどう見ても日本人とは思えない一団もいたという。

窃盗団は地元の人間は少なく、交通規制された幹線道路を避けて、裏道からオートバイで神戸市街などに入り込んだらしい。治安に当たるべき警察は災害救助に追われてそれどころではなく、彼らのなすがままに委《ゆだ》ねるしかなかったという。従って日頃警察の発表待ちが習性の記者らも何も書かなかった。災害取材の際、住民からの訴えを聞いても、ほとんど取り上げなかった。

それは治安の乱れを書くと、大正の関東大震災のときのように流言飛語が飛び交い、パニックに陥った住民がまたぞろ「朝鮮人虐殺」に走ると恐れたからだろう。現に私がそういう情報を聞いて毎日の社会部に電話したとき、電話を受けた記者は、「自警団でも作れと言うんですか」と冷笑した。これも関東大震災の悪夢が頭にあったからだろう。

しかし大正時代と平成の日本人とは違うし、情報の量と伝達の速度も、ラジオすらなかった関東大震災当時とは大違いである。その状況の変化を無視して、愚昧《ぐまい》な大衆がパニックを起こす恐れがあるからと、住民にとって必要な情報を伝達しなかったとすれば、エリート気取りのインテリもどきの臭気紛々である。ちなみに芦屋の高級住宅地では、どこから情報を入手したのか、自治会がいちはやく警備会社に警備を頼んだので、被害は皆無だったという。

震災当時の関西にはまだ中国人マフィアなどは少なかったが、いま、第二の関東大震災が発生すれば、東京などに蟠踞《ばんきょ》する外国人犯罪グループがどういう不穏な動きをするか知れたものではない。石原都知事が震災時の治安維持の必要を強調するのも、その恐れからだ。それを朝日などは外国人に対する偏見と差別を助長し、偏狭なナショナリズムを煽るものだと強弁するから始末に負えない。

こういう情報を流せば、被災民がパニックに陥るとでも思ったのだろう。蒙昧《もうまい》な民衆は常にマス・ヒステリーを起こして暴徒となりやすいから、自分たちが情報を選別して、無害な情報だけを流そうと考えているなら、それこそインテリもどきの鼻持ちならぬエリート意識だろう。

ダイオキシン、環境ホルモン、遺伝子組み換え食品、電磁波、原発…

第6章

# 大衆を脅す「不安産業」

危険性をセンセーショナルに報道し、大衆を怖がらせることによって、記事や番組の訴求力を増加させようとするのがマスコミの習性だ。それが顕著に見られるのが、最近関心を集めているダイオキシン汚染や環境ホルモン、遺伝子組み換え食品などの報道で、科学的根拠は曖昧なまま誇大な嘘を報道している。特に、確度の低いショッキングなデータを報道し、大衆の不安を煽った挙句、農家をパニックに陥らせた「ニュースステーション」のダイオキシン報道と、それに対する新聞各社の反応について、改めて検証する。

## 大衆を脅して訴求力を増すマスコミ

「グッド・ニュースよりバッド・ニュースが大衆の関心を集める」がマスコミの発祥以来の原則だが、最近関心を集めているダイオキシン汚染についても、マスコミが根拠薄弱な不安を煽《あお》り立てている例があまりにも多い。

専門家の調査では、ダイオキシン汚染が最もひどかったのは、高度成長期の1970年代であり、いまの日本人の体内に蓄積されているダイオキシンはその頃に環境に放出されたものだ。いま、産業廃棄物の焼却炉から大量のダイオキシンが放出され、それが野菜や魚類から人体への蓄積が進んでいるとマスコミは報道するが、それは誇大な嘘《うそ》である。現に母乳の中のダイオキシン濃度は、年々下がり続けている。

人類は産業廃棄物からだけではなく、焼き肉や焼き魚といった普通の食事、さらに焚《た》き火《び》の煙や煙草《たばこ》の煙からもダイオキシンを摂取し続けてきた。その結果、他の動物に比べて人間はダイオキシンへの抵抗力が高いと見られ、大騒ぎするような問題ではない。

しかし、危険性を誇大に報道して大衆を怖がらせることによって、記事や番組の訴求力を増そうとするのがマスコミの習性であり、まさに不安を売り物にする「不安産業」と呼ぶにふさわしい。煎茶《せんちゃ》から検出されたダイオキシンの濃度を「葉っぱもの野菜」と偽って報道したため、野菜の価格が暴落したと訴えた埼玉県所沢市の生産農家の損害賠償請求を、2001年5月15日、さいたま地裁は「報道の使命である公益に合致していた」と斥《しりぞ》けたが、問題のテレビ朝日の報道の経緯を改めて検証してみよう。

## 「不安」を売り物にしたテレビ朝日

1999年2月1日に放送されたテレビ朝日「ニュースステーション」の特集「汚染地の苦悩―農作物は安全か」のなかで、民間の環境総合研究所の調査結果が報じられ、埼玉県所沢市で生産される野菜のダイオキシン濃度が日本の平均レベルに比べて一・五倍から九倍近く高いとされ、また日本のダイオキシンによる大気汚染が平均して諸外国の十倍で、所沢のそれは日本の平均レベルの五〜十倍高いとも指摘された。

そして久米宏キャスターが「つまり世界レベルから見ると、所沢の野菜のダイオキシン濃度は百倍高いということか」と質問、青山貞一・環境総合研究所所長は「百倍高いということではないが、突出して高い。消費者が実際に被害を受ける可能性があり、行政や厚生省が本気で考えなければならない」と答えた。

この放送で所沢産の野菜に対する不安が高まり、スーパーなどが仕入れを見合わせ、価格も暴落、生産農家はパニックに陥った。所沢は産業廃棄物焼却施設が周辺に集中し、ダイオキシン排出量も多いことは予測されるものの、それが農産物のダイオキシン濃度にどう影響しているかは明確ではない。

またJA(農業協同組合)が野菜の汚染についてのデータを公表していないのも問題だが、件《くだん》の民間研究所が発表したデータも、検体の生育状況や測定方法が示されてはいなかった。またどのくらいの濃度以上なら人体に被害をもたらすのかも、まだ定説がない。

要するに、「ニュースステーション」の御家芸である、確度は低いがショッキングなデータを振りかざし、久米キャスターが捨てぜりふ的に大衆の恐怖を煽《あお》るようなコメントをするというパターンを繰り返したに過ぎないのだろう。

生産農家もたまりかねて8日、有志ら四十人がテレビ朝日に集団で抗議した。これを扱った9日付各紙を見ると、産経が第一・第二社会面見開きで大きく扱い、主見出しも「『危険な野菜』独り歩き」と批判的なトーンを打ち出している。

## 科学的根拠よりセンセーショナリズム

産経記事のなかで、大気や土壌、水質、母乳などのダイオキシン調査を実施した埼玉県の中野健一環境生活部長は、「ダイオキシン類は極めて微量。安全か否かはもちろん、各地から集めた検体は生育状況などが違いデータを比較できない。季節でも差が出るので経年調査が必要」と述べ、単年度の調査で評価するのは困難だとしている。

それでは、「ニュースステーション」が番組で取り上げた環境総合研究所のショッキングなデータは、経年調査の結果なのか。どうもそうではないらしいが、番組に出演した青山所長は産経の取材に対して「(番組では)厚生省の(調査)結果と独自データを示したが、検査時の条件は違う」とした上で「単純比較は危険」と話しているという。

それなら、久米キャスターが検査時の条件が違うデータを単純比較してセンセーショナルなコメントをしたとき、なぜ明確にたしなめなかったのか。科学者としての責任は免れないだろう。

そもそもこの手の電気紙芝居に出演するときは、よほど注意して慎重な発言をしないと危ない。番組のつくりが科学的根拠などそっちのけで、ただ鬼面人を驚かすたぐいのセンセーショナリズムを売り物にする、典型的な「不安産業」なのだから、その権威づけに利用されるだけだ。

## 冷静な毎日、見苦しい扱いの朝日

同日付毎日も第二社会面で大きく取り上げた。そのなかで目を引いたのが斗ヶ沢秀俊記者による「魚介類より濃度は低い／避けたい過剰反応」との記事。斗ヶ沢記者は、厚生省の97年度の調査では、野菜類に含まれるダイオキシン類は一グラム当たり平均〇・〇五三ピコグラム（ピコグラムは一兆分の一グラム）で、体重五十キロの日本人が一日に食事で摂取するダイオキシンの量のうち、野菜・海藻類から摂取する量はその約6％にすぎず、「ニュースステーション」で放映された環境総合研究所の所沢産野菜のデータは、厚生省のデータより一桁《けた》高いが、それを食べ続けたとしても、一日に野菜から摂取する量は約六十二ピコグラムで、それを足しても食事からの摂取量は厚生省や環境庁が定めた安全基準を下回るとしている。

そして斗ヶ沢記者は、「ダイオキシンの摂取が健康に影響を与えることは事実だ。しかし、魚介類に比べて濃度がはるかに低い野菜類からの『ダイオキシン検出』に過剰反応することは避けたい」と戒めている。

マスコミに求められるのは、こういった冷静さだが、残念ながら冷静・客観的な報道よりもセンセーショナルな報道のほうが大衆への訴求力が高い。しかも新聞報道よりもテレビのニュース・ワイド番組のほうが遙かに影響力が大きい。その害毒を防ぐために、新聞はテレビ番組に対して果敢に批判を続ける必要がある。

同日付読売も第一社会面左肩四段で大きく扱っているが、この段階では生産農家有志のテレビ朝日に対する抗議を報じただけで、本質的なテレビ番組批判は見当たらない。朝日に至っては第二社会面の下のほうに短いベタ記事で最小限の扱い。見出しにも「抗議」の字句はなく「テレビ朝日に質問状を渡す／所沢の農家有志」とあるだけだ。

テレビ朝日と同じ系列で、自社の記者がコメンテーターとしてレギュラー出演しているからか、できるだけ目立たぬようにしたいとの魂胆が見え見えだ。いつものことながらセコイ根性というしかない。

## テレ朝報道を全面批判の読売・毎日

ＪＡ所沢は9日、二年前に調査しながら、いままで公表を控えていた所沢産野菜のダイオキシン類濃度を公表した。それによると、最も問題とされたホウレンソウのダイオキシン濃度は一グラム当たり〇・〇八七～〇・四三ピコグラムで、厚生省が同時期に店頭のホウレンソウを調査した結果の〇・〇二五～〇・三七ピコグラムと大差はなかった。

それなら今までなぜ公表しなかったかという疑問は残るが、JA側は「国の安全基準が確定していない状況では、数字が独り歩きすると思った。隠していたわけではない」と言っていた。確かにテレビ朝日などの報道を見ていると、その危惧《きぐ》も杞憂《きゆう》ではないだろう。

JAの調査数値公表を受けた10日付毎日は1面左下で「最高値は野菜以外／誤解招いたテレビ朝日報道」と、全面批判を展開した。同記事によれば、問題の「ニュースステーション」で環境総合研究所のデータとして、所沢産野菜の最高濃度を三・八ピコグラムとしたのは、実は野菜以外の農作物、煎茶の数値だったことが明らかになったとし、「視聴者に野菜だと受け止められてホウレンソウなどの価格暴落につながっただけに、放送内容の的確さが問われそうだ」と真っ正面から論難している。

見苦しいのは朝日で、同日付第一社会面トップで報じたものの、見出しは「押されて出た数　やや高め」と、いかにもテレビ朝日の報道のおかげで数値の公表がなされたと言わんばかりだった。

解説でも、「所沢市の野菜のダイオキシン汚染騒ぎは、行政による農作物のダイオキシンデータが決定的に不足していたことや、対応の遅れが背景にある」と、責任を行政に押しつけ、テレビ朝日の報道責任については一言も触れていない。騒ぎを起こしたのはテレビ朝日ではないか。

読売は10日付夕刊第二社会面で、テレビ朝日広報部が同社の取材に対して、「ニュースステーション」で所沢産の農作物のダイオキシン最高値を「野菜と断定するような表現をしたのは間違いだった」と、事実上の訂正をしたことを明らかにした。同社広報部は「野菜を含む『葉っぱもの』というのが正確な表現だった」とコメントしたというが、野菜ではない「葉っぱもの」とは何を指すのか不可解である。その点を突っ込んでほしかった。

また同紙面では、自民党埼玉県議団がテレビ朝日と番組提供スポンサーに対してデータの開示を求め、報道の根拠が不正確であった場合は、風評被害を賠償するよう、テレビ朝日および出演者に要請せよと県知事に申し入れたと伝えている。それは当然だが、こういった根拠の曖昧《あいまい》なデータに基づいて、悪質な風評をばらまくような番組のスポンサーにも社会的な責任を問うことが必要だろう。

読売は11日付総合面でも、「数値独り歩き、不安あおる／配慮欠くテレビ報道／行政の対応にも遅れ」と、今回の騒動を詳細に検証した。さらに同日付社説「不用意な数値が招いた野菜騒動」で、ダイオキシン濃度が一兆分の一グラムを単位とするもので

あることを指摘、

「こうした微量でかつ重要な数値の扱いは特に慎重であるべきだ。現在の科学水準を踏まえ、さまざまな前提、条件もつけて説明する必要がある。テレビ報道はそこが基本的に欠けている」と、テレビ報道のありかたについての本質的な批判をしている。

## 報道責任無視の盗人猛々しい強弁

10日夜放映の「ニュースステーション」は、広報部が報道の間違いを認めたことなどおくびにも出さず、久米キャスターが「県知事の産業廃棄物焼却施設操業停止要請を業者は聞いてくれるか」と水を向けたのを受けて、コメンテーターの菅沼栄一郎朝日新聞編集委員（当時）が、

「キチッとやってもらわねば困りますよ。…問題は所沢や埼玉だけではない。…今度のことをバネにして全国で行政を動かしていかなければならない。黙っていたら煙モクモクのままだ。我々一人一人があちこちチェックして行政を動かしていくバネにしたい」と述べたのは盗人猛々《たけだけ》しいたぐいではないか。問題提起は結構だが、それが誇張されたデータや、それを上塗りしたセンセーショナルなコメントでなされれば、無用の社会不安と混乱を招くだけだ。少しは自分たちの報道責任を考えたらどうか。

同日付毎日夕刊２面の「特集ワイド」は、中西準子・横浜国大教授に、ダイオキシンはどのくらい怖いのか、どう対処すればいいのかをじっくりと聞いている。中西教授は76年にイタリアで農薬工場が爆発し、最高百三十キログラムものダイオキシンが大気中にばらまかれたが、急性中毒による死者は出なかったし、十五年間の追跡調査でも、死亡率の変化は見られず、ガンによる死亡率も同じだった例や、ゴミ焼却場の近くに住む四十歳の人が、七十歳までの三十年間、毎日二百四十七ピコグラムのダイオキシンを摂取したとしても、その発ガンリスクは、普通の大都市の空気中に含まれるディーゼル車からの排ガスによるリスクよりかなり小さいとし、「少し落ち着きましょう」と説いている。

またダイオキシンを恐れるあまり、妊娠中の女性が、含有率の大きい肉や魚を食べないという例もあるが、そのほうがもっと胎児には危険だと、マスコミによってかきたてられた誇大な恐怖心を抱かないよう、呼びかけている。

そして中西教授は、「確かにダイオキシンが少なくなればいいに決まっています。しかし現実を直視すると、環境対策は一つの毒物を減らせばいいというものではありません。ある毒物のリスクをゼロにするために、代替物質の開発や汚染の除去に膨大なエネルギー資源を使うとしたら、それは結局、将来の世代にツケをまわすことになります。70年代の日本の公害対策は、毒物をなくすため、むしろ生態系を傷つけてきたと思うのです」とし、リスク低減のための費用対効果比の数値が環境政策の優先順位をつけるときに役立つと提唱している。

こういった、報道被害、風評被害の火の手に水をかけ、冷静な目でダイオキシン問題を考える記事が、突然変異のように掲載されるのが、毎日の面白さだろう。朝日にはこの種の記事は毛ほどもない。

## 誤魔化しと詐術のテレ朝〝謝罪〟

埼玉県は18日、問題の番組で放送され、県に郵送されてきた環境総合研究所のデータの詳細を公表、最高値の三・八ピコグラムの濃度を示したものは、野菜ではなく煎茶だったことを明らかにした。

この公表を受けて郵政省は速やかに番組のなかで十分な説明をするようテレビ朝日に要求、「ニュースステーション」では18日夜、経緯の説明と久米キャスターの謝罪を放送したが、これも誤魔化しと詐術に満ちたものだった。

久米氏は「所沢産の野菜のダイオキシン濃度として数値を出した図表の見出しは野菜ではなく農作物とすべきものでした」と訂正したが、その間「1日放送」と銘打って画面に出ていたのは修正済みの「農作物のダイオキシン濃度」との見出しの図表だった。訂正するなら問題の図表の映像をまず映してからにすべきではないか。

また、件の1日夜の放送の内容の抜粋も放映したが、「野菜のダイオキシン濃度」の図表を掲げながら、久米氏と青山研究所長が交わした、「この野菜というのはホウレンソウと思っていいか」「ホウレンソウがメインだが、葉っぱものですね」「葉もの野菜…」とのやりとりは全くない。騒動の直接的原因となったこのシーンを放映して謝罪するのが誠実な姿勢というものだろう。

それとも久米氏の「結果として」ホウレンソウ生産農家に迷惑をかけたという謝罪のやりかたを正当化するためか。件のやりとりを見れば、視聴者は誰でも最高値を示したのも野菜、それもホウレンソウではないかと思うだろう。「結果として」など言い逃れ以外の何ものでもない。

さらに久米氏は「放送前に最高値を示したのが何か、担当者が知っていたとの報道があるが、研究所は個別のデータを明らかにしなかった」と弁解しているがこれも疑わしい。品目別の数値を放送で公表するかどうかは別として、どのサンプルがどんな数値を示しているか、その具体的内容の明示を拒むようなら、調査の信頼性を疑って報道しないのが報道機関としての鉄則である。それとも信頼性などは無視して、ただショッキングな数値を報道すれば視聴率が上がるといった無責任な姿勢に終始したのか。

また、最高値を示した煎茶の安全性についても、煎茶は生の茶の葉ではなく、乾燥機で乾かす過程でダイオキシンが濃縮されるが、ダイオキシンは水に溶けにくく、お茶にして飲んだ場合は、2%未満しか溶け出さないといったことには全く触れなかった。これなど、都合の悪い事実には頬被りしようとする姿勢がまる見えである。

最後に、件の放送に対する反響を取り上げ、投書の一部を女性アナが読み上げたが、これも自分たちに都合のいいものだけを選んでいる。そのうちの一通に、「データをどう見るかは視聴者であり消費者だ。判断は消費者がすればいい」とテレビ朝日の責任を免責するようなものがあった。

しかし、この番組の示したデータ自体が曖昧で粗雑極まるものであったことこそが視聴者に誤った判断をさせたのであって、この投書は問題の本質を見誤っている。テレビ朝日もこういう視聴者がいる限り、無責任で煽情的《せんじょうてき》な報道を続けていけるというものだろう。

## 環境ホルモン不安戒めた読売

ダイオキシンも環境ホルモンの一種だが、最近は環境ホルモンの影響で男性の精子の数が半分に減ったとか、人類滅亡を思わせるニュースが続いている。しかし、環境ホルモンが生態系に及ぼす影響については、まだ判然とはわかっていない。そういうときに、過剰報道をすれば不安のみが無限に増大して、パニックになりかねない。そこを衝いたのが、1998年5月2日付読売総合面の、吉田昌史科学部記者による「ホントはどこまで怖いのか／ナゾだらけ　環境ホルモン」。

同記事は、ポリカーボーネート製の哺乳《ほにゅう》びんに熱湯を注いだところ、環境ホルモンの一つとされる微量のビスフェノールAが検出され、「猛毒」報道の引き金になったが、環境ホルモン研究の専門家は女性ホルモンの一万分の一の強度しかないビスフェノールAは「決して猛毒ではない」とし、「人間への影響はまだほとんどわかっていない。冷静に対応しないと、混乱だけが増幅する」と困惑していることを伝えている。

同記事によれば、環境ホルモンの作用が実証されているのは有機スズで雌の貝に雄の生殖器が生えたなど三例だけで、人間の男性精子の減少も環境ホルモンの影響かどうかは未解明だという。ところが最近のめざましい測定機器の進歩で、今までは検出できなかったごく微量の物質まで検出できるようになると、人体への影響を無視していい程度でも、マスコミがそれに飛びついて「猛毒」と騒ぐ風潮が生まれてきた。

騒動師まがいの一部の市民団体や、研究機関の一部には、売名目的でことさらに検出結果をマスコミにおおげさに宣伝するものもある。マスコミ、とくに第一報を報道する社会部記者は、科学的知識の不足とセンセーショナリズムから、それに乗せられてしまうことも少なくない。その両者の共犯関係がパニックを惹起《じやっき》することにもなる。

この記事で近藤次郎・中央環境審議会会長がコメントしているように「科学への不信や不安が、理解の努力を超えてしまう。それが最も怖い」のであって、マスコミも徒《いたず》らに不安を助長するような報道は慎むべきだろう。

## 遺伝子操作食品に科学的検証を

遺伝子組み換え農作物を使った食品について、農水省は1999年8月4日、「食品表示問題懇談会遺伝子組み換え食品部会」に、原料作物のDNAが残るものと、DNAは残らないが食品の組成が変わるものについて、遺伝子組み換え作物を使用したとの表示を義務づける原案を提出した。

このニュースを朝日はいちはやく4日付朝刊1面トップで報じ、毎日、産経も5日付朝刊1面トップで扱った。読売だけは第二社会面トップ三段とごく控えめな扱いだった。

朝日は5日付朝刊総合面トップの「時々刻々」欄で「農水省案に反発続出」と題して消費者団体と食品業界の意見の先鋭な対立を伝えた。産経も同日付経済面トップで「業界配慮浮き彫り／しょうゆなど9割　対象外／消費者、強く反発」との見出しを掲げた解説記事を掲載している。ただ産経は「遺伝子組み換え技術／食料難解決、環境浄化も」と題した渋谷直人・農水省生物工学部長のコメントも載せてバランスを取っている。

不可解なのは、各紙とも解説に当たるのは経済部記者か社会部記者で、農作物の遺伝子組み換えが本当に危険なものかどうかとの、科学部記者による検証が見当たらぬことだ。消費者団体などの表示義務化の主張は、「消費者が不安に思っているのだから、きちんと表示して選択の自由を与えるべきだ」というそれに尽きるのだろうが、その不安は「遺伝子組み換え」という、目新しい科学技術に対する漠然とした不安ではなかろうか。

遺伝子組み換えというと、何やら神の領域を侵した科学者の悪魔的な所業のように思う向きもあろうが、生物の世界では日常茶飯に起こっていることだ。突然変異による進化もその一つだし、人間の世界でも生まれた子どもは、クローンでもない限り、父と母の遺伝子が混ざり合って、遺伝子の組み換えが行われた結果、この世に誕生したものだ。いままで家畜や農作物の品種改良の手段として行われてきた交配も同じである。

## EUなどの情報戦略に加担は愚劣

いま問題になっている「遺伝子組み換え」は、いままで不可能だった細胞レベルで、DNAを生物工学的に操作することで組み換えるものだが、それによって自然界では起こり得ない品種改良が可能になった。

そこが不安の源なのだろうが、ではそれによって人間に危険な食品が生まれたのだろうか。組み換えられた食品のDNAが、胃腸から人間の細胞のなかに取り込まれることはあり得ない。もしそんなことが起きるのなら、何千年にもわたって大豆を食ってきた人類のなかから「豆人間」が出現しているはずだ。

では、遺伝子組み換え作物が、人間に有害な物質を生み出しているのか。現在までそういった研究報告は皆無である。ただ病虫害に強い遺伝子を組み込んだ作物の花粉を蝶《ちょう》の幼虫に食べさせ続けたところ、その43％が死んだという米・コーネル大学での研究報告は出たが、それは室内の実験であり、野外で行われたものではない。また蝶の幼虫には有害であっても人間にも有害なのかどうかは突き止められてはいないのではないか。

あるいは、遺伝子組み換えが異形の蛋白質《たんぱくしつ》や澱粉《でんぷん》を生み出しているのか。異形蛋白質によってヤコブ病という難病が引き起こされる例もあるが、いまのところ遺伝子組み換えがそれらを生み出したという例は報告されていない。

ただ、遺伝子組み換えをした大豆には人間が消化しにくい特定の蛋白質を含んでいるものがあり、アレルギー反応を引き起こす例はある。しかしそれを家畜の飼料とした場合は、それを食べて育った家畜の卵や肉を食べても害はない。

農作物や家畜の遺伝子組み換え技術は、人口爆発による食糧不足を解決する唯一の手段である。そのことを認識してマスコミも、大衆の漠然とした不安に対応するためには、危険だとの研究報告が真に科学的な根拠を持つものかどうか、厳密な検証を行う責務がある。

それを怠って大衆の不安に迎合するような記事しか載せないとなると、悪しきポピュリズムとしか言いようがない。ましてや、遺伝子組み換え技術でアメリカに立ち遅れたEUなどの農業団体の、米国産農産物の輸入を抑制し、自国産のそれを保護しようとする情報戦略の片棒を担ぐ（消費者団体の一部も知ってか知らずかそれに加担している）結果になれば、愚の骨頂である。

## 啓蒙棄てた「不安産業」

１９９６年11月29日付朝日「主張・解説」面に「携帯電話の電波規制／疑わしきは健康に有利に」と題する特集記事が掲載された。携帯電話は頭にくっつけて通話するため、発信する電波が脳に悪影響をもたらさないかという疑問をテーマにした記事だ。

しかしその影響については、記事にもある通り「正直いってまだわからない」のが現状である。病気と関連性があるとの論文もあるが、他の研究者の追試では裏づけが取れず、ガンや脳腫瘍《のうしゅよう》との因果関係が立証された例もいまのところないとも述べられている。そういう点、この記事の書き方自体はセンセーショナルではなく冷静・客観的なのだが、ではなぜ大きく扱ったのかとの疑問が残る。

恐らく、いまのところ病気との関連は立証されていないが、大衆に漠然とした不安がある以上、それに応えるべきだとの考えからだろう。

しかしそれは、大衆の不安をかきたてるだけではないか。大衆は本能的に電波という目に見えないものに対しては恐れを抱く。そして日常の限られた経験から電波のすべてが健康に害があるのではないかと誤解しやすい。

たとえば電子レンジで短時間に食品が熱せられるのを見て、携帯電話の電波も脳味《のうみ》噌《そ》を熱くするのではないかと不安に駆られる。しかし電子レンジの電波はミリ波であり、その出力も六百ワットとか、極めて大きい。だからレンジのなかに濡れたネコを入れて乾かせば間違いなく死ぬ。

一方、携帯電話から発信する電波はそれより波長の長いセンチ波であり、出力も微弱である。一般に生物の細胞やDNAに影響をもたらすのは波長が可視光線より短い紫外線やエックス線、ガンマ線である。夏に紫外線の強い日差しを長時間浴びていると皮膚ガンになる危険があるのもその一例である。

しかし電波は可視光線より遙かに波長が長いから、それが細胞やDNAに作用してガンなどを引き起こすとは考えられない。それなら電灯の光のほうが発ガンの原因になるはずである。電波より波長の短い光もまた電波と同じ性質をもつ電磁波の一種だからだ。

## 大衆の漠然とした不安を煽る

件の記事はさらに最近、日本でも建設反対運動が起きている携帯電話の基地局について、

「デジタルの基地局だと、放送局の出力の三百分の一から三千分の一だ。単純にワッ

ト数だけで見ると、家庭のステレオアンプ並みである」とし、「地上で人間が浴びる電波は、防護指針の数千分の一程度だ」と、適切な解説をしている。

ところが結論としてこう書いているのは理解に苦しむ。

「しかし、この問題が総じて難しいのは、不安を抱く人が現実に多いことだ。携帯電話、基地局とも『危険』とは言えないが、『指針値を満たすから百パーセント安全だ』とも言い切れない。健康を考えると、先取りして環境を整えていくしかないのだろう」

どんなものにも百パーセント安全なものはない。しかしそのなかでも危険の可能性が極小で、危険性を無視していいケースもある。完全に百パーセントの安全を求めるなら、まず東京タワーの電波塔をぶち壊さなければならなくなるだろう。

大衆の漠然とした不安を客観的なデータを基に解消させるのが啓蒙《けいもう》である。ところが結果として逆にそれを煽《あお》るような記事を書くのは「不安産業」に他ならない。前文に書かれている「疑わしきは国民の健康に有利に」という考えかたは、問題の本質を逸脱し、徒らに大衆に迎合してその不安を助長することにならないか。

朝日は12月4日付夕刊第二社会面トップで「電磁波の影響訴え市民ら連帯／携帯電話など対策求め8日、初の講演会」との記事を掲載している。この新聞の非科学的姿勢がわかろうというものだ。

## ナンセンスに近い「情報弱者」

「弱者」と名づければすべて救済の対象になるとするのが朝日のパターン化した発想だが、1997年10月30日付朝刊の「成熟社会の素顔／『情報弱者』救済の道探る」もその典型である。

朝日の言う「情報弱者」とはパソコンを扱えぬ人で、そのために、高度情報化社会からはじき出され、社会の片隅に追いやられる恐れがあるとしている。それは一見もっともらしい指摘のように思えるが、よく考えてみるとナンセンスに近い。

インターネットに代表される高度情報ネットワーク社会にアクセスするには、たしかにパソコンが使えなければならないが、たとえばインターネットから情報を引き出す操作が特別に複雑であるということはない。高度なプログラムによる計算やアニメの制作などは難しいが、それができないから「情報弱者」になるわけではない。

要するに、パソコンの持つ機能のうち自分に必要な機能が使えればそれで十分であり、あらゆる機能を使いこなさなければ、高度情報化社会から落ちこぼれるわけではない。

この記事が指摘するように、行政サービスや情報がコンピューター・ネットワーク化されていくのはたしかだが、高齢者や障害者、あるいは失業者や貧しい人々がパソコンが使えないためにそれから疎外される危険があるというのなら、パソコンではなく、それ専用の、より簡便・安価な情報端末を開発し、普及させれば済むことだ。

このようにいくらでも解決の手段があるにもかかわらず、「情報弱者」といった新語を開発して、鬼面人を驚かすのは問題ではないか。マスコミが創作した「情報弱者」なる言葉が独り歩きをし始めると、自分も「情報弱者」ではないかという不安が社会に広がる。

またパソコンとは操作が難しいものだという思い込みが募って、女性や中高年が利用に二の足を踏むことにもなり、高度情報化社会の正常な発展を妨げてしまう。となれば、携帯電話の電波が脳に障害を与えるのではといった、何の根拠もない不安をばらまく記事と同類ではないか。不安産業的な報道はいい加減にしてもらいたい。

この記事は、解決策についても触れているから、内容的にはそれほど偏ったものではないが、一方で「新しい『差別』を生む危険もある」などと、履き古した靴下のような臭気紛々たる表現をしているのは何とも頂けない。

## 「不安煽動病」に痛棒加えた産経コラム

日本のマスコミの宿痾《しゅくあ》は、「正義過剰症候群」と並んで、「不安煽動病」だ。炭酸ガス排出を減らし地球の温暖化を防止する有効策である原発の増設にも、国民の間に非科学的な故なき不安をばらまいて反対しているメディアがある。そういう風潮に痛棒を加えたのが、1998年8月23日付産経の飯田浩史論説委員によるコラム「一筆多論」である。

飯田氏は政府が2010年までに新規の原子力発電所二十基の立地を推進するとの目標を掲げたことに対し、朝日が6月30日付社説で計画を「絵に描いた餅《もち》」と揶揄《やゆ》し「住民の理解も得られないのに強引に立地を進めるつもりか」と批判したことをまず槍玉《やりだま》に挙げ、「原発立地計画を強引に『画餅に帰そう』としているのは動燃の〝事故〟そのものと、国民の不信を買った対応のまずさを同じ次元でとらえて『原発は危険だ』との誇大な危険報道を行う朝日をはじめとするマスコミや、反核団体ではないのか」と、糾弾している。

コラムは続けて、危険誇大報道の典型は北海道新聞で、電源開発株式会社が青森県に建設を計画しているプルサーマル原発に対して、5月9日付道南版で「もし事故が起きたら対岸の函館市民四千八百人が急死、五年後生存者はゼロ」という京都大学助手の講演を鵜呑《うの》みにして読者の不安を煽り、5月13日付南日本新聞はコラムで「プルサーマルは石油ストーブにガソリンを入れて燃やすようなもの、という言い方もある」と書いていると指摘した。

飯田氏によれば、プルサーマル原発は既に九カ国で三十数年間運転されているが無事故であり、通常の原発も国際原子力機関が「事故」と認定する評価4以上の放射性物質の漏洩《ろうえい》事故は日本では皆無で、世界でも唯一、重大事故を起こしたのは旧ソ連が軍事用に開発した黒鉛減速型が引き起こしたチェルノブイリ原発のみである。

西側とは方式の全く違う原発で、安全確保にも重大な欠陥があった旧ソ連の原発が事故を起こしたからといって、原発すべてが危険極まる代物と味噌《みそ》糞式《くそしき》の誇大宣伝をするのは、日本のマスコミの通弊だ。

この傾向は昔からあって、原子力船「むつ」の放射線漏れを放射能物質の漏洩であるかのように虚偽の報道を流した。いまでも国際原子力機関が「事故」ではなく「故障」に分類している評価3以下のトラブルまで「事故」と誇大報道して憚《はばか》らぬありさまだ。

日本のマスコミも、幻想や夢想に酔い、故なき不安や恐怖を徒らにかきたてることで部数や視聴率を稼ごうとする「不安産業」と、現実を直視して的確な報道と提言を行い、健全な世論を育成しようとするメディアに分化していっているようだ。そのどちらがより国民の支持を得るかで、日本の命運も決まってくるだろう。

## 臨界事故の本質衝いた「編集手帳」

自自公連立内閣組閣を繰り延べさせたＪＣＯ臨界事故に対する各紙の論評のうち、卓抜だったのは１９９９年10月2日付読売「編集手帳」で、この事故をマン・マシーン・インターフェース、人間と機械の接点で起こったものとし、「いかに最先端技術でも、その接点を堅固にしない限り、時に重大事故の『落とし穴』となる」と、事故の本質を鋭く衝いている。

事故の原因は作業員が、違法の裏マニュアルにすら従わず、ステンレスバケツのウラン溶液を、臨界を起こさぬよう細長い円筒状にした貯塔ではなく、大容量の沈殿槽に直接、大量に投入して臨界量をオーバーしてしまったことにあるが、作業時間を短縮するために沈殿槽で一気に処理しようとしたのであり、それは以前から行われていた。これは明白な手抜きだが、人間と機械の接点では日常的に起こりがちなことなのだ。

コンピューターなら、定められたプログラム通り、バカ正直に処理を繰り返すが、人間はなまじ知恵があるだけに、プログラムを無視してまで楽な作業をしようとする。

そこが人間の強みでもあり、欠点でもあるのだが、それを手抜きだとか良心に欠けていると非難しても始まらない。事故のほとぼりが冷めれば、またぞろどこかで繰り返されるのは目に見えている。

ズル、横着をしたがるという人間の本性に由来する事故を防ぐには、機器、設備の設計段階で手抜きによる事故が絶対に起こらないようにするしかない。今回の場合なら沈殿槽の容量を、臨界を起こさない量以下に抑えておけば、事故の起こりようがなかった。マニュアルで投入量の限度を規定しておいても、無視されれば終わりである。「編集手帳」も、「航空機設計でよく言われる『フェイル・セーフ』、過誤や故障に対する多重防護の壁が薄かった。とすれば、作業上の人為ミスにとどまらず、施設設計全体の欠陥ではないのか」と問うている。

日本では重大事故が起こると、当事者の安全意識の向上とか、従業員教育の徹底などの〝精神論〟が声高に叫ばれる。しかし、世界に誇った職場規律も、労働力の質の高さも急速に失われつつある昨今、原子力施設に限らず、鉄道など安全に関《かか》わるあらゆる業種でフェイル・セーフの見地から施設・機器設計を見直す必要がある。

今回の場合も作業員に臨界についての認識が希薄だったことが非難されているが、原発関係の作業員が全員エリートだった昔は知らず、いま末端の作業員に至るまで原子力についての十分な知識を持つことを期待するのは無いものねだりと言うべきだろう。機器や設備が臨界を絶対に起こさない設計になっておれば、臨界についての知識など不要ではないか。

## 大衆迎合の姿勢が風評被害を拡大

ＪＣＯ臨海事故の報道では、従来と比べてある程度の冷静さが維持されていたが、社会面などでは住民の不安をこれでもか、これでもかと伝える過剰報道も目立った。ＮＨＫなどテレビ報道では「放射能は目に見えないから不安だ」との住民の声を繰り返し報じていたが、たしかに放射能は人間の目には見えないものの、線量計などの機械の目には確実に「見える」のであり、それを使って綿密な検査を行い、安全が確認されれば、不安は残らない。マスコミはそのことをもっと啓蒙すべきではないか。それを怠って「漠然とした不安」を煽りたてるようでは「不安産業」のそしりを免れないだろう。

ところが10月8日付朝日「天声人語」は、米国のソプラノ歌手が事故を知って来日を拒み、ようやく日本公演が実現しても水戸での公演を中止したことや、オーストリアの新体操選手団が急遽《きゅうきょ》帰国したことをとらえて「この人たちを知識不足とか神経質すぎる、と評するのはたやすい。が、日本だって人びとの動揺はまだまだ収まっていない。数字による説得には、しょせん限界があるのだ」とのたまわっている。そしてここ数年連続して起こった原発関連の故障や事故を列挙し、「人には記憶があり、感情がある」と、「漠然とした不安」を正当化している。

しかし、原子炉事故で環境が汚染されていないかどうかを確認する手段は、計測器が示す「数字」しかない。それを啓蒙するのを怠って「数字による説得にはしょせん限界がある」などと言うのは、大衆の感情におもねるものではないか。

こういう姿勢を「大衆迎合」と言う。そしてマスコミのそういう姿勢が風評被害を拡大するのだ。当時の小渕恵三首相が既に安全が確認されている現地産のメロンや刺し身を「食って見せても、うさん臭さが増すばかり」と述べているが、うさん臭いのはおのれのほうだろう。

## 通信傍受法で不安煽った朝日社説

1999年6月1日、通信傍受法案を柱とする組織犯罪対策法の修正案が衆院を通過した。通信傍受法に対して、朝日は当初から反対の姿勢を鮮明にしており、同法案が衆院法務委員会で可決された翌日の5月29日付社説で、「不信と不安が高まった」と題し、「法案が提出された昨年来の審議を振り返っても、それ（国民の不安を除くこと）が果たされたとは到底思えない」と最大限の疑問を投げかけている。

しかし、国会審議が深まらなかったのは、野党側が法務委員長の委員会運営を不服として、委員会への出席を拒否したからである。事あるごとに審議拒否を繰り返すなど、万年野党だった旧社会党の常套《じょうとう》手段であって、次の政権を狙うと称する民主党までがそういう姑息な手段を取るのは、審議を尽くして法案の問題点を浮かびあがらせ、国民の審判を待つという、議会主義政党の責務を忘れた行為ではないか。朝日はそういう野党側の態度こそを責めるべきだろう。

朝日の言う「国民の不安」とは何か。それは「法律の目的を超えて、一般市民のプライバシーまで侵される」恐れだというが、今回の修正案は、5月29日付読売総合面が解説しているように、対象を組織的な殺人や薬物・銃器関連、集団密航など四種類の犯罪に限定し、通信ネットワーク管理者にチェックさせる立会人制度など「他の主要国に比べかなり厳しい要件を盛り込んだのが特徴」であり、むしろ余りにも厳格すぎて、実効性を損なう恐れすらあるくらいだ。

犯罪捜査のための通信傍受は、欧米の主要国では既に合法化されているが、それらの国は一般市民のプライバシー保護を最優先している国々である。ならば、なぜそんな国に通信傍受法があるのかと問われれば、朝日の社説子も答えに窮するだろう。

朝日もさすがにそれに気づいたと見え、6月2日付第三社会面トップ「傍受法案本当に厳格?」で、検証を試みている。しかしその論拠は大部分が日弁連の組織犯罪対策法案対策本部の口移しで、またぞろ弁護士の論理に丸乗りしている形だ。

## 筋道を混線させた「弁護士の論理」

同記事①の「欧米に比べて厳しいか」では岩村智文弁護士が、「捜査の秘密主義が改善されていない中で、盗聴の法律だけが導入されるのは極めて危険だ」と指摘、欧米では通信傍受が合法である一方で、「捜査の可視性」が重視されているとし、その例として英国では取り調べに弁護士の立ち会いが認められている他、ビデオ撮影や録音なども導入されているとしている。

しかし英国でも弁護士の立ち会いが認められているのは容疑者の取り調べの段階であって、容疑者の検挙に至るまでの段階で、捜査内容や進行状況を公開しているような警察・検察当局は世界のどこにもないだろう。それをすれば犯人の証拠隠滅や逃亡を許してしまうからだ。そして通信傍受はまさに検挙に至るまでの段階で必要なのだ。

それに同弁護士が通信傍受を「盗聴」と呼んでいるのは気になる。犯罪捜査のための通信傍受を不正・不法な行為である「盗聴」と同一視するのはいかなる意図からか。この手の弁護士の正体見えたりと言うべきだろう。

②の「傍受を中断できるのか」では、民主党の日野市朗議員の「犯罪集団はまともな言葉で話すわけがないのだから、捜査側としては結局、全部聴いて、後で判断するしかないだろう。それでは無関係な会話も全部聴かれることになり、たまらない」とのコメントを伝え、「暗号使われたら判断は難しい」との見出しを掲げている。

犯罪集団が暗号や符丁を使っていた場合は、全部聴いてからそこに犯罪遂行上の連絡事項が含まれていないかどうか判断することもあるだろう。しかし捜査側が私的な会話まで傍受したら罪になるのか。

その私的な会話を公表したり漏洩させれば、たしかにプライバシーの侵害になるが、公にならなければ構わないのではないか。万一、私が何かの間違いで電話を傍受され、夫婦喧嘩《げんか》の内容を警察に知られたとしても、少々不愉快ではあっても、それを公表されなければ痛くも痒《かゆ》くもない。捜査側も捜査上何の役にも立たないものは無視するだろう。

## 「プライバシー」の権利を絶対視

朝日の主張の根源にあるのは「プライバシーの権利」の絶対視ではないのか。その朝日が、裏づけのない噂《うわさ》を無責任に垂れ流すブラック・ジャーナリズム雑誌の『噂の真相』の記事をネタに、東京高検検事長の〝スキャンダル〟を社会面トップでデカデカと報じたのは自己撞着《どうちゃく》の極みだが、朝日は官僚や政治家、芸能人にはプライバシーの権利はないとでも思っているのか。それならば新聞記者にもプライバシーはないことになり、花形記者のヘソ下のプライバシーを暴かれても文句は言えないことになる。因果応報とはこのことだ。

プライバシーの権利は尊ぶべきだが、犯罪捜査という社会秩序維持のためには多少制約されても止むを得ないとするのが、一般市民の良識ではないか。いま高速道路には、渋滞の状況などを把握するために、車のナンバーを撮影・録画する装置が設置されているが、それに対して「マイカーのナンバーもプライバシーの一つだ」として反対する向きがあったには呆《あき》れ果てたことがある。たとえ自分の車がどこを走ったかを把握されたとしても、犯罪に加担しない以上、一向に構わない。ちなみにこの装置はオウム真理教の犯罪摘発に一役買っている。

プライバシーの権利絶対視は、6月3日付毎日「記者の目」にも見受けられる。筆者の丸山雅也記者は「捜査当局が薬物犯罪への関与を疑って通信を傍受している人物に対し、それとは知らずに電話した場合、その会話内容は聞かれてしまう。しかも犯罪と無関係な会話ならば、傍受されたことを知るすべはない」と書いているが、それが傍受されたとしてもどうしたというのか。

## 「取材妨害」は記者のエゴイズム

捜査当局としては、麻薬などの密売の事実をキャッチするために、密売人へかかる電話を逐一傍受する必要があるのであって、たまたまそれとは関係のない会話を傍受されたとしても、本人にも通報しないのだから、不愉快にもなりようがないのではないか。

それとも警察は通信傍受を利用して、全国民のプライバシーを把握し、警察による恐怖政治でも布《し》こうとする意図でもあるというのか。日本の警察もそれほどヒマではあるまい。

また、同記事は暴力団関係者を対象にした取材の場合、電話などを傍受されると、取材対象者が警察によって特定されてしまう恐れがあり、記者が警察に情報を売ったと疑われ、取材が困難になると述べている。

しかし、取材が多少困難になる恐れがあるからといって、組織犯罪を摘発し防止するのに有力な武器となる通信傍受に反対するのは、記者側のエゴイズムではないか。報道の自由も絶対的なものではなく、公益を害しない範囲で許されるのである。新聞社のみならず、どんな組織にいてもそうだが、とかく自分たちの組織の利益を不可侵の権利と見なして、それをいささかでも損なう動きを不正なものと排撃する傾向に陥りやすい。日本的組織は常にタコツボ的になりやすく、視野狭窄《きょうさく》になって社会的なバランスを見失いがちだ。

ジャーナリストに取材源秘匿の義務があるのは言うまでもないが、それは記者自身が取材源を外部に漏らさない義務であって、警察など外部が別の方法で取材源を特定し得たとしても、それはそれで仕方のないことではないか。その方法は何も通信傍受だけに限らないだろう。それを取材源の秘匿が危うくなるからと反対するのは、秘匿自体を絶対視していることに他ならず、あまりにも唯我独尊的考えかたと言えよう。

また同記事は「捜査当局の傍受の可能性があれば、電話やファクス、電子メールで（内部）告発する人はいなくなるだろう」としているが、ほんとうに内部告発しようという強い意志があれば、手紙でもできる。私信の開封は捜査当局にも許されていないからだ。

そもそも、成立した法律で通信傍受が許されるのは、組織犯罪のうち四種だけに限定されており、それ以外の犯罪には適用されないし、ましてや組織犯罪とは無縁の企業の不正などの内部告発とは関係がない。だから通信傍受法が施行されても新聞などメディアへの内部告発が実際に減少するかどうか疑問である。「報道の自由が危ない」との見出しをつけているが、コケ脅しもいいところだ。

## 卑しい根性と粗雑な頭が「盗聴」と呼ぶ

こういったコケ脅し的論調をたしなめたのが6月2日付読売社説「傍受法の議論は事実を踏まえて」。同社説は、「（参院の）審議に当たっては、傍受法の基本構造や目的を踏まえ、事実に基づいた正確な議論が何よりも大切だ。一般国民の生活が、日常的に盗聴にさらされるなどといった誤った情報のたれ流しは、結局、法案に対する真の理解の妨げになるからだ」と警告している。

日本では、事あるごとに反警察、反権力、反国家、反体制のポーズを取るのが文化人の資格かのように思いこんでいる輩《やから》がいて、今回も「盗聴法案反対」の大合唱が巻き起こった。こういった風潮を皮肉たっぷりに揶揄したのが3日付「産經抄」で、「従来、文化人たちはことあるたびに『日本は国際化すべきだ』と主張してきた。ならば通信傍受法の衆院通過で、ようやく日本も〝国際化〟し先進国の常識に近づいたのではないか」と指摘し、「このがんじがらめの金しばりになった通信傍受法で、はたして捜査に役立つのか、むしろそっちのほうが心配なくらいだ」と憂えている。

5日付「天声人語」も「事あるごとに反体制のポーズを取る似非文化人」の典型で、法務省刑事局が報道機関に対して通信傍受法案を「盗聴法」と呼ばないでもらいたいと要望したことを「むしろ笑いぐさというべきだろう」と決めつけ、辞書を引いても意味の上で傍受と盗聴の決定的な違いはないとしている。

しかし意味の上で大きな違いはなくても、傍受法に反対する側が、「盗聴」というイメージの悪い言葉に言い換えようとすることが問題なのだ。天声人語子は犯罪の検挙と抑止のために、日夜真剣な努力を重ねている警察官を、正面からではなく「サブリミナル」的に貶《おとし》めようとする意図がありありと窺《うかが》える。そうすることによって何か自分が偉くなったような気持ちになるのかもしれないが、とすれば卑しい根性だ。

テレビ朝日の討論番組でも、司会の田原総一郎氏が、「合法化されれば傍受であって、合法化されなかったら盗聴だ。やることは同じだ」とのたまったというが、では田原氏は合法的行為も非合法な行為も同一視しているのか。当代一流のニュース・キャスターとされている人物がこの程度の粗雑な頭の持ち主となれば、日本のテレビ界の水準もわかろうというものだ。

靖国神社公式参拝、政局報道、市民運動…

第7章

# 「第四の権力」維持のための恫喝

「第四の権力」保持のため、影響力を行使しようと必死になるマスコミ。失言をネタに総理の座から引きずり降ろした「森降ろし」、三国人発言から繰り広げられた大々的な「反石原知事キャンペーン」、中国・韓国の非難を大きく取り上げ反日を煽る「靖国公式参拝」等…。

民主政治の根源となる「世論」だが、ときにマスコミは、それを醸成するための必要なデータを提供せず、一方的な視点からのデータや報道を流す。本章では、そうしたマスコミの「空気づくり」を検証する。

## 第四の権力維持のための脅し

新聞をはじめとするマスコミは、立法・行政・司法に次ぐ「第四の権力」と言われてきた。それがここに来てマスコミに対する国民の信頼が揺らいできたことに危機意識を持ったマスコミは、「第四の権力」保持のため、特に政治に対して影響力を行使しようと必死になっている。「失言」をネタに閣僚を更迭させることから始まって、総理まで引きずりおろそうとすることもしばしばある。

「番記者」の「ぶら下がり取材」を批判し、拒否した森喜朗総理の「神の国」発言をとらえたりして、集中攻撃を加え、世論調査の支持率を急落させ、ついに退陣に追い込んだなどは、マスコミの専横である。

しかも攻撃のネタにする「失言」は何も国会での公式発言ではなく、支持団体との会合での内輪の発言であったり、オフレコを前提とした記者との「懇談」でのそれである。また前後の文脈を無視して発言の一部をつまみ食いして攻撃する。石原慎太郎都知事の「三国人」発言などはその典型である。

その手法は企業に対しても使われる。製品の些細《ささい》な欠陥を針小棒大に報道し、幹部のスキャンダルをあげつらう。これは古くからのマスコミの通性であり、アメリカで

19世紀末から20世紀初頭にはびこった「マックレーカーズ」（ゴミ漁り＝スキャンダル専門メディア）に端を発し、総会屋はその末裔《まつえい》である。

このようにマスコミは政府や企業に恐れられることによって、権力を維持しようとしている。逆に読者、視聴者である不特定多数に対しては、必要な批判もしない。田園から蛍もドジョウもいなくさせた、農民の農薬の使いすぎに全く警告しなかったのはその一例である。

## 外圧を利用して「第四の権力」保持

１９８５年の中曾根康弘首相の靖国公式参拝で、朝日などが中国の非難を大々的に取り上げて以来、「第四の権力」保持の新しい手段として登場したのが、外圧の利用である。それは、閣僚の「問題発言」を引き出して中国や韓国の非難を大きく取り上げ、自発的辞任や更迭に追い込むという、朝日・毎日などの〝ご注進〟ジャーナリズムまで生み出した。

ただ、最近はこういう無国籍というより中国・韓国籍としか思えないメディアへの批判が高まり、民衆も〝ご注進〟メディアの吹く笛には踊らなくなった。石原都知事の「三国人」発言で大々的な反石原キャンペーンを展開した朝日も、都知事の首を取るどころか、逆に都民の石原支持を増やす結果になり、首都で部数を減らした。

このままでは「第四の権力」のトップの座から滑り落ちかねないとの恐怖感に駆られた朝日は、失地回復に懸命になっている。その焦りが小泉純一郎内閣の誕生の際、新閣僚の記者会見で軒並みに「靖国神社に公式参拝するか」と真っ先に質問する踏み絵を強制し、世の顰蹙《ひんしゅく》を浴びただけではなく、他のメディアからも冷笑されたお粗末を生んだのだろう。

外圧利用の〝ご注進〟メディアの決まり文句は、「友好を損ない、アジアで孤立する」だが、これは「仲良きことは美しきかな」という、安っぽい居酒屋に掲げられていた武者小路実篤の俳画の文句をモットーとしている日本人の感性に触れるところがあり、それなりの効果的な脅しになる。

しかし、相手に無条件に平伏することが友好ではないし、またアジアは何も中国や韓国だけではない。東南アジア諸国では侵略戦争の罪を言い立てて日本に謝罪要求をしたためしはないし、マレーシアのマハティール首相は、訪問した村山富市首相に対し「五十年以上前の戦争の罪を謝罪し続けるのは不毛で、前向きではない」とたしなめたほどだ。

外交の最優先目的は国益の擁護であり、友好ではない。国益を無視した「友好第一」

を金科玉条としているのは朝日と外務省のチャイナ・スクールだけだ。その倒錯ぶりに国民も漸《ようや》く気がつき始めている。

中国がことごとに非難の「紙の弾丸」を撃ってくるのは、日本国内にそれに呼応するマス・メディアがあるからだ。しかしそれらのメディアが世論に対する影響力を失えば、ムダ弾になるから撃つのをやめる。石原知事が就任の後、靖国参拝したときは中国も激烈に非難したが、それで世論が反石原にならず、効果がないことを知ると、第二回の参拝からは紙の弾丸を撃つのを止めている。

## 政治への本質的批判はなし

日本の新聞は政治に対する本質的な批判はほとんどやらない。たとえば「族議員」という言葉は使うが、どの議員がどの業界の利益を代表してどの官庁と手を結び、「政・官・業」の癒着の要《かなめ》となっているかは、個々に具体的に検証したことは滅多にない。2001年7月の参院選前にその一覧表を出しておけば、選挙の結果はかなり変わっていたはずだ。

また、田中角栄政権の登場以来、国政選挙は自民党の場合、個々の議員がいかに選挙区の利益を図ったか、橋や道路を造ったかとの実績を誇示して票を集める「利益誘導型選挙」が支配的になったが、その実態を徹底的に検証したことがない。

議員と地元をつなぐパイプ役としての後援会が、どんな日常活動をしているのかも詳しく報じない。後援会がでしゃばりのオバサンを含む町内の顔役を集めて安い会費で温泉に招待し、その宴席に議員が顔を出すとか、国会見学旅行にバスを連ねて大挙押しかけ、国会の議員食堂で議員がカレーライスを振る舞うなどの構図もめったにルポしない。

「革新」政党の「労組支配」でも、個々の議員がどの労組と結びつき、その「既得権」擁護のためにどんな活動をしているか、国会での質問や、特定の法案審議にどう反映しているかは報じない。たとえば参院選後に小泉内閣が打ち出した特定法人の「聖域なき見直し」に対して、特殊法人の労組や、その母体官庁の労組がどう反応し、それが民主党内の旧社会党系や社民党の国会活動にどんな影響を与えているかには触れない。

## 派閥の思惑だけの「政局報道」

代わって政治面で幅を利かすのは、十年一日のごとき「政局報道」である。政党の派閥の思惑に依拠しながら政局の行方を予測するものだが、派閥という狭い視野からの報道を続けていると、政治の流れの大局を見失う。２００１年４月の自民党総裁選で、小泉純一郎氏の圧倒的勝利をどのメディアも事前に予測できなかったが、それは自民党内の派閥の動きだけを追っていたため、長野など知事選挙で連敗したことから来る、地方の草の根党員の危機感に注意を払わなかったからだ。

首相や主要閣僚に「番記者」がいるのと同様、各派閥にも担当の「派閥番記者」がいる。彼らは派閥に張りついて情報を取るわけだが、日本的組織の常として、その組織と一心同体となり、「身内」と思われるようにならなければ、核心的な情報は取れない。派閥の領袖や有力者と肝胆相照らす仲になって初めて、その派閥の本音や粉飾されていない情報を取れるようになる。

「派閥番記者」は、その情報を、公表したほうがその派閥にとって有利なものと不利になるものに区分けして有利になるものを政治部に情報を流す、あるいは記事にする。だから「派閥番記者」の実態は、その派閥のＰＲ係と変わらない。

そうして出来上がった「政治記事」は、せいぜい政界の内輪話か、ゴシップの域を出ないことが多い。これなどは毒にも薬にもならないが、重大なのは「政局記事」が実際に政局を動かすこともあることだ。「空気」が行動を支配する日本社会では、政権党でいまどの派閥が優勢かという「政局報道」が他の派閥の「勝ち馬に乗る」動きを誘い、「空気」が醸成されて少数派閥はそれに抵抗できなくなり、「政局記事」が予測した通りの結末になる。そしてマスコミの持つこの威力が、第四権力の保持に絶大な効果をもたらすのである。

## 一方的データで偏向した世論を醸成

「民主政治」、デモクラシーとは「デモス＝民衆」が動かす「民衆政治」であり、その根源的な力は「世論」である。そしてその世論を作りあげるのはマスコミだ。しかしそのマスコミはおおむね、健全な世論を醸成するために必要なデータを提供せず、一方的なデータのみを流すから、世論も偏向したものになりやすい。

たとえば、１９８８年、竹下登内閣が消費税を創設したとき、マスコミの大部分はそれを大衆課税だとか、貧しい者の負担が大きくなる逆進性のみを言い立て、既に始まっていた高齢化社会で、老人医療費など社会福祉予算の膨張をカバーする財源として必要ではないのかとか、所得税中心の税制の直間比率を改めるべきではないかといった論議などはほとんどなされなかった。

そのうえ、「子どもが百円持って飴《あめ》を買いに行ったら、消費税分が足りないので泣きながら帰ってきた」などの、子どもをダシにした情緒的報道がまかり通ったため、感情に動かされやすい世論も大きく消費税反対、反自民党に傾いた。

翌年の参院選では、社会党が「消費税反対、福祉増大」という、財源の裏づけのない矛盾した人気取り政策を掲げ、直接税と間接税の相違もよくご存じないようなマドンナ候補を多数押し立てて戦って議席を倍増させ、自民党は大敗して単独過半数を割った。

## ブレーキのかからぬ世論の暴走

民主政治が本質的に「世論政治」であることは、世界のどの国でも同じである。ただ欧米などでは、マス・メディアのなかに必ず有力な対抗勢力があり、一部のマスコミのつくりあげるムードに対して、それを打ち消す報道や論調がある。読者・視聴者はその双方を読み比べ、見比べて自分の頭でどちらが妥当か判断を下すから、世論も自《おの》ずからバランスの取れた、抑制の利いたものになり、暴走することは少ない。

ときたま、一つの方向に暴走を始めても、暫《しばら》く後にそれにブレーキをかける動きが出てきて、方向が修正される。アメリカは１９６０年代、ベトナム反戦運動の嵐が吹き荒れて政府も遂に南ベトナムを見捨てる形で北ベトナムと和平するしかなく、帰還兵も「虐殺者」的な目で見られて精神に異常を来したり、社会への適応につまずいた例が多くあったが、数年後にはそれに対する反省が現れ、帰還兵の名誉は回復されたし、かつての反戦運動家が自らの過去を誇らしげに語ることもなくなった。

ところが日本では、一つの方向に暴走を始めると、ブレーキがかからないまま、破局を迎える。戦前、三国同盟を結んだナチス・ドイツが電撃戦を開始した欧州で、一時的だが目ざましい勝利を収めると、親独、反英米ムードがあっと言う間に広がり、「バスに乗り遅れるな」とばかりに無謀な対米戦争に突入し、惨めな敗戦を迎えた。そしてそのムードをいやが上にも煽《あお》ったのが当時のマスコミだった。

そのパターンは戦後も全く変わらず、1960年の日米安保改定では、マスコミの大部分は「進歩的文化人」と手を組んで改定反対を合唱し、一部では安保廃棄論さえ唱えた。マスコミのヒステリックな煽動《せんどう》で、全学連が国会に突入するなど過激化すると、マスコミはその暴走に慌てふためき、「暴力反対」の七社宣言を出して鎮静を図った。これなど新聞史上に残るマッチポンプの典型だろう。

世論政治の国では、世論を左右するマスコミの影響力が強いほど、マスコミは「第四の権力」化する。その点で、影響力が強い韓国のマスコミも、まぎれもない「第四の権力」である。

## マスコミのヨイショで生き延びる「市民運動」

べ平連の出現以来、「市民」という言葉がマスコミの惹句《じゃっく》になり、「市民運動」が雨後の筍《たけのこ》のように簇生《そうせい》した。その「市民運動」は、朝日など「市民」好きのマス・メディアのヨイショなしには生き延びられないのが実態である。わずか十数人による抗議行動でも大きく報道し、その団体の電話番号まで掲載するというご親切な支援を受けて初めて、一定の社会的影響力を保持し、会員の獲得もできる。

極端な例では、かつて絵本の「ちびくろサンボ」が黒人差別だと抗議した「市民団体」があった。ところが週刊誌が調べてみると、その会員は会長の妻と小学生の子どもだけだったという。そんな「幽霊団体」でも、一部のマス・メディアが大々的に報道すると、恐れをなした版元は絶版にしてしまった。

この手の「市民運動」は、反体制的であることが多いが、なぜ朝日などがそれを支援するかといえば、「反体制」を掲げることによって、保守政権に揺さぶりをかけ、一目置かせる効果が絶大だからだ。是々非々主義では政権にとって怖い存在ではなくなり、下手をすると舐《な》められる恐れすらある。いわば一種の「こわもて」効果を期待しているわけだ。

## 善悪二元論で大衆を支配

複雑な思考が苦手な大衆の頭を支配するには、善悪二元論が一番手っとり早い。かくて事件を起こした容疑者は極悪人に仕立てあげられる。典型的な例としては、1970年代半ばに起きた「エリート銀行マンが幼女を餓死させた」と報じられた事件だ。

東大卒のエリート銀行の管理職が、妻がお産で入院中に知的障害を持つ二歳十一カ月の次女をベビーベッドに十日間も閉じ込めて食べ物も与えず餓死させたとして、マス・メディアはこぞってこの父親を「血も涙もない鬼のような父親」と報道したが、裁判で次のような事実が明るみに出た。

①ベビーベッドに十日も閉じ込めたと報じられたが、実際はその期間、幼女は終始昏睡《こんすい》状態だった。

②水も食事も与えなかったとされたが、実際は口に入れても吐き出す拒食症状を起こしていた。

③幼女は「空腹のあまり指をしゃぶり続け、指は真っ白にふやけていた」と書かれたが、指しゃぶりは幼児によくある癖で、指がふやけてしまうことも珍しくはない。

同情すべき余地が多々あったにもかかわらず、マスコミによって「鬼」に仕立てられた銀行員は、懲役三年、執行猶予五年の一審判決を受けた帰途、鉄道に飛び込み自殺してしまった。

こんな記事が横行するのは、事件が起こると警察の取り調べ、それも初期の取り調べの内容を捜査官への夜討ち朝駆けで聞き出して書くしかないからだ。「幼女餓死」事件も、警察が当初、銀行マンを「鬼のような父」ではないかとの予断をもって取り調べしたからで、マスコミはその内容を鵜《う》呑《の》みにして報道したわけだ。

警察は、初期の捜査や取り調べが間違っていたとしても、送検までに修正すれば済むから気が楽だが、報道したほうはたとえ第二・第三報で修正しても、読者・視聴者には第一報の印象がいつまでも強く残るから、報道被害は修復されない。

そのマスコミが、再審要求などでは、一転して弁護士の言い分に丸乗りする。それはその頃には事件が風化して、たとえ残虐な殺人でも犯人に対する世間の怒りは薄らいでいるので、マスコミの「不法取り調べの犠牲者」というイメージが読者・視聴者に受け入れやすくなるからだ。

また、学校内でいじめによる子どもの自殺があると、マスコミはこぞって学校の責任を言い立てる。しかし実際はいじめグループが連続的に暴行、恐喝を働いて金をまきあげていたなど、暴力団まがいの存在であった場合、学校側は対応しきれない。

それを担任教師の指導力不足や学校側のいじめグループとの対話不足の責任にするのは、とんだ見当違いなのだが、それを敢《あ》えてするのは、学校側には、いじめによる自殺者を出したという弱みがあるので、どんな味噌糞《みそくそ》式の報道をしても、学校側から訴えられる恐れがないからだ。その心情の陋劣《ろうれつ》さは、いじめグループと同類だろう。

## 揺らいできた「第四の権力」の座

こんなマスコミの標的になったが最後、その人間は一生浮かばれない。企業でも製品の軽微なミスを誇大に報道されると、たちまち大きなダメージを受ける。個人であれ、企業であれ、反論を試みてもマスコミがそれを取り上げることは滅多にないから、一旦失った社会的信用は取り戻せない。あとは民事訴訟を起こすしかないが、それは金もかかり煩雑だから泣き寝入りということになる場合が多い。この恐怖がマスコミの第四権力化を許してきたのである。

マスコミがいままで無軌道な報道をしてきたのは、このように、いくら誇大な報道や人権を無視した報道をしても、反撃される恐れが少なかったからだ。その傲慢《ごうまん》さが第四権力の特徴なのであって、他の三権、立法・司法・行政は他の権力から絶えずチェックを受けているが、第四の権力はどこからもチェックを受けなかったから、野放図になった。

しかし最近になって漸く、事件の際の被害者に対する人権無視の取材などに対する非難が高まり、それと反比例してマスコミ報道に対する信頼が低下した。マスコミの「第四権力」の座も、漸く揺らいできた。

それに対する恐怖感が、「新聞を教材に学習させる」というＮＩＥ（Newspaper in Education）運動になったのではないか。大人に相手にされなくなったので、知識も批判力も貧弱な子どもに目をつけたとしたら、あまりにもセコイ話だ。若者の新聞離れを抑えこむために、小さいときから新聞に馴染《なじ》ませて読者を育成しようという魂胆なのかもしれないが、そのダシにされた子どもこそいい迷惑だろう。

# 第8章

# インターネット普及で変わる新聞

## 新聞宅配制度、オンラインメディア、iモード、小泉メールマガジン…

日本の新聞は、宅配制度によって読者をつなぎとめている。読者は他紙と比較することができないし、販売員の哀訴嘆願などでなかなか購読紙を替えることができない。しかし、インターネットの普及によって状況は大きく変わってきた。インターネット新聞やオンライン・ジャーナリズム、携帯電話のニュース配信、マスコミを経由しない官庁や企業発信のホームページなど、マスコミによる情報独占体制は崩壊しつつある。

長年の洗脳による「愛読者」が消滅し、報道についての国民の自己判断能力が高まれば、より健全な世論が形成されるようになるだろう。

## メディアのホームページが火種

世界第一位の発行部数と普及率を誇る日本の新聞が、宅配制度というユニークなシステムに支えられていることは言うまでもない。この制度のおかげで、新聞は読者をつなぎ止めておくことができる。駅のキオスクで買うなら、今日は朝日、明日は読売、次の日は産経といった買い方もできるが、宅配ならふつう特定の一紙となる。

それがいま、インターネットの急速な普及で状況が変わってきた。インターネット先進国のアメリカでは、既にインターネットだけにニュースを流す「オンライン・ジャーナリズム」が登場しているが、日本でも各紙が競ってインターネット上にホームページ（ウエブサイト）を開設している。はじめは短いニュースを無料で提供する、新幹線車内の電光ニュースに似たものだったが、やがて朝刊・夕刊発行後に主要ニュースを提供するようになった。さらに朝・夕刊の主要ニュースだけではなく、ニュース速報を二十四時間刻々と流すホームページも出現した。

## 電子新聞的ホームページも出現

各紙のホームページは、多少の差はあるものの、アクセスするとまず表紙（第一ページ）が画面に表示され、そこに羅列してあるその日の主要ニュースのタイトルのうち、読みたいものをクリックすると、その全文が写真つきで現れるという仕組みが多い。この種のホームページは閲覧無料だが、その経費は挿入された広告で賄われている。産経のホームページには参院選直前に民主党の広告が掲載されており、産経新聞が民主党支持になったのかと錯覚させられたが、これは意見広告なのである。

無料のホームページは新聞紙面の形ではなく、個々のニュースを一つひとつ独立したブロック（かたまり）として提供しているものだ。しかし新聞の重要な機能として、ニュースの価値を判断して、見出しに大小をつけ、読者にどれが重大なニュースかを一目でわからせるそれがあり、独立ブロックではその機能は失われている。

そこで産経新聞は２００１年４月から全紙面をそのままホームページに掲載し、そのなかで読みたい記事を画面で拡大できる機能を備えた「電子新聞」的ホームページ（有料）を創設した。これは新聞と変わりなく、他社もいずれ追随すると思われる。

## コストの安いオンライン・メディア

有料ホームページが、ほとんど全部の記事を掲載しながら、料金が月額二千円程度と、新聞代に比べて格安なのは、コストがあまりかからないからだ。全国紙は印刷・発行している東京や大阪から遠く離れた地方へ朝刊を届けるため、地方の夕刊のない「統合版」区域で三～四版、夕刊のある大都市周辺の「セット版」区域で二～三版と、頻繁な版替えを行っており、そのための編集者の人件費、組版、印刷と新聞輸送、戸別配達に膨大なコストをかけている。

それに比べてインターネットに依拠したホームページなら、記者の人件費と取材費、ホームページ作成のオペレーターの人件費くらいしかかからず、距離と関係なく最新のニュースを送れる。

いまのところ全国紙のホームページは、新聞制作と同時進行ではなく、朝刊・夕刊の最終版が終わってから作成にかかり、新聞が読者の手元に届くとほとんど同時にアップロード（掲載・更新）しているが、これは宅配よりホームページのほうがニュースが早いとなると、本体の新聞から読者を奪うことを恐れているからである。

## 既存の新聞を脅かす動き

いまのところ、各新聞とも自紙の読者を増やすための宣伝媒体としてホームページを作っており、ホームページには必ず講読申し込みの欄があるが、早晩、ホームページは独立したメディアとなってくるだろう。既存のメディアがそれに尻込《しりご》みするなら、既存メディアから独立した、あるいは全く無関係の「オンライン・メディア」が生まれてくる。

それはテレビと同様の速報性を備え、かつテレビニュースよりも詳細でより掘り下げたニュースを伝えることができるから、既存の新聞にとっては大きな脅威となるだろう。そういったメディアのなかには、政治・経済・社会・外電面からスポーツ・文化・家庭面まである幕の内弁当のようないまの新聞とは違って、政治・経済・国際情勢などに専門化して、より詳細で高度な情報を提供するメディアも現れ、それが主流になっていくと思われる。

## 情報過疎の地方から普及も

しかし、インターネットが普及し、パソコンを使える人口が増えたとはいえ、熟年層や主婦など、機械が苦手な人たちもまだまだ多いから、従来のような新聞も命脈を保っている。中年以上の人たちにとっては、朝起きて配達された朝刊を読むのが一つの生活習慣になっているから、従来の新聞も急速に部数を落とすことはないかもしれない。

しかしそういった習慣を持たない若い層の間では、急速な新聞離れが起きている。

彼らとてニュースに無関心なのではなく、テレビニュースを見るか、インターネットのメディア・ウエブサイトを見る、あるいはｉモードの携帯電話に流されるニュース速報（月額百円～三百円）を利用しているのだ。携帯電話ニュースの普及率はうなぎ登りで、一つの社だけで開始から半年間に契約者は二十五万人に達したという。

新聞が遠隔地から発行所の近くまで、一日何版も版替えし、さらにそれを販売店まで輸送して宅配させるというムダもなく、組版・印刷工場も不要なら印刷費、用紙代も不要というインターネット新聞は、報道記者、編集スタッフ、インターネット・オペレーターだけで済み、コストは在来の新聞の何分の一かで済むから、広告取りに狂奔しなくても十分やっていける。

となると在来の新聞に取って代わる可能性は十分にある。おそらく東北や北陸といった、大手新聞の発行地から遠く離れた地方からインターネット新聞の普及が始まるだろう。新聞発行地から遠いところでは、東京などに比べて半日遅れの新聞を読まされていたからだ。

## 多様なメディアへのアクセスが簡単

宅配新聞と違い、インターネット新聞はアクセスが極めて簡単なのが特長だ。居ながらにしてどのメディアへも即時にアクセスできる。「ヤフー」などの検索エンジン（ソフト）を利用すれば、あるニュースについて複数のメディアの報道や論評を読み比べることも容易だ。産経のように、利用者が有料のホームページ上で産経の社説（「主張」）へクリックすると、朝日・読売・日経の社説がリンクして画面に出てきて、すぐ読み比べられるという機能を持つものもある。

さらに産経は2001年6月20日から、福岡市内で世界初の「新聞まるごと〝電子配達〟」の公開実験を始めた。これは九州電力の子会社が光ファイバー網とパソコンを無線でつないで行っているインターネット高速化試験の一般モニター百五十戸を対象に、産経新聞東京本社発行の朝刊最終版を全紙面、パソコンの画面に表示し、ユーザーは読みたい記事を拡大して読めるもので、まさに「電子配達」と呼ぶにふさわしい。

販売店網の弱体な産経としては、新聞の配達・販売の新しい手段を開発したことになるが、これが全国的に展開されるとなると、従来の販売店との間に摩擦が起きることも予想される。また電子配達と従来の配達との価格を同一にするのか、あるいは配達の人件費が不要な電子配達のほうを安くするのかという問題も発生する。しかしともあれ、インターネット時代の新聞配達の新しい手法として注目される。

日本新聞協会は、奇しくも同日の理事会で新たな「新聞販売綱領」を採択し、そのなかで戸別配達の堅持を掲げたが、これもインターネットの進展で、新聞をとりまく状況が大きく変わり、戸別配達システムの基盤が揺らいでいることへの危機感の表れではなかろうか。

## メディア経由せぬ情報直接発信も

そのうえ、官庁や政党、業界団体、企業などの情報源からの情報を読者、視聴者に伝えるという、情報の仲介機能を専らにしていたメディア（本来の意味は「媒介・仲介」）が、その地位を脅かされかねない状況も進行している。官庁や企業などがインターネット上に自分のホームページを開設し、誰でもアクセスできるようになってきたからだ。

それは、記者クラブなどで発表した情報が、メディアの恣意《しい》で、そのメディアの論調や報道姿勢に都合のいいようにつまみ食いされたり、歪曲《わいきょく》されたり、一部を誇張されたりすることがしばしば起こったからだ。そこでホームページを通して国民に直接情報を伝え、また国民のそれに対する意見を聞くという方式を始めたわけだ。

聖域なき構造改革を掲げた小泉純一郎首相が、国民と直接に対話する目的で創設した「メルマガ」（メール・マガジン）は、開設初日に登録読者数が百万人を超え、一週間後には二百万人にも達した。首相としては、このメディアを使って構造改革に抵抗する自民党内の勢力や圧力団体をあぶり出し、国民に直接訴えることで彼らの抵抗を排除しようという目論見《もくろみ》があるのだろう。

いままでは、マスコミを通じて国民にアピールするしかなかったが、それでは「弱者保護」とか「地方切り捨て反対」という大衆迎合に走りがちなメディアも少なくない以上、首相の意向や主張が伝わりにくく、また政治状況もその種のメディアの姿勢を正当化するために歪《ゆが》めて伝えられる危険があった。首相の「メルマガ」は、そういうマスコミをバイパスして直接、国民に訴えかけるものだ。

## マスコミの避ける情報も発信

小泉内閣初の国政選挙となった２００１年7月の参院選では、自民党の立候補者が果たして小泉首相が断行を叫んでいる構造改革の支持者か、それとも改革派を装う守旧派、抵抗勢力かの見分けが選挙民には困難だった。新聞などマスコミも選挙妨害と攻撃されるのを恐れて、名指しの突っ込んだ検証を避け続けた。

7月25日付朝日夕刊によれば、それに対してインターネット上に、参院選候補者を含む自民党の全国会議員について、改革派か守旧派かをネットを通じて一般の人たちの投票にかけ、守旧派だとされた投票の多い上位百人を「改革ができない議員」として実名を掲載するホームページが現れたという。

これなど、マスコミの弱点を突き、それをある意味でカバーする新しいメディアであって、今後もますます増えてくるだろう。民衆が情報を一方的に受け取るだけではなく、自分からも発信するという、情報の双方向時代がやってきたといえる。問題は発信された情報の信頼性で、その点、既存のメディアのほうに分があるが、新しいメディアもどんどん淘汰《とうた》されていくうちに、信頼性の高いものだけが生き残るだろう。

## 崩壊するマスコミによる情報の独占

個人やグループによるホームページが、マスコミのほしいままな情報の独占を崩していく可能性も大きくなった。たとえば少年や精神病院に通院歴のある人間による凶悪犯罪で、マスコミが杓子《しやくし》定規に容疑者の名前を匿名にしたとしても、その実名を知らせるホームページが出現する。現にそういう例はしばしばあった。ただこういった個人やグループのホームページは、その信憑性を測るデータが皆無だから、玉石混淆《こんこう》となるのはやむを得ない。

しかし、こういった「マスコミ抜き」が進展すれば、メディアの出る幕がなくなる恐れがある。少なくとも恣意的に情報をねじ曲げて伝えていた一部メディアにとってはパニックだろう。メディアが生き残るためには、情報の的確な背景説明や解説を重視する以外ない。

さらに、2000年12月1日からテレビのBSディジタル放送が始まった。ニュー・メディアとして注目されるのは、この放送のなかのデータ・チャネル部分で、二十四時間、ニュース速報を流すという。当面は電光ニュースのような短いものだが、そのうちに新聞記事と同様の長いものも掲載されるようになっていくのは確実で、そうなれば既存のメディアを脅かすことになる。

## 広告減少で宅配制の維持も困難に

インターネットやBSディジタル放送がますます普及すると、新聞から広告が逃げていくのではないかとの恐れもある。それはインターネット利用の通信販売、いわゆるeコマースの急速な普及で、新聞に広告する必要のない広告主が増えてきたからだ。BSディジタル放送のニュース速報も無料だが、その経費は挿入された広告で賄われている。

また、いま新聞の折り込みチラシが多く、新聞販売店はその収入でやっと息をついているが、これも先行きかげりが見えてきている。チラシ広告の主体であった地域のスーパー、デパートや家電量販店の広告もインターネット化されるからだ。

大日本印刷は2001年9月から京阪神地区でインターネット・チラシ・サービスを立ち上げた。これは利用者が自宅の郵便番号をパソコンで入力すると、その地域のチラシ広告の画像が出る仕組みだ。

やっと立ち直りかけた新聞広告が再び落ち込み、それに部数減が追い打ちをかければ、新聞社は経費のかかる宅配制度を最終的に維持できなくなる。また、折り込みチラシ広告が激減すれば販売店も経営が悪化して、廃業に追い込まれる恐れもある。

新聞にとって宅配制度は固定読者をつなぎ止める最も有効な手段だ。新聞がいまだに連載小説や連載マンガを掲載しているのも、読者を逃がさないための苦肉の策なのだ。それに、いま購読紙を替えようとすると、必ず販売店主がすっ飛んできて替えないでくれと懇願し、洗剤やら映画・展覧会の入場券などを置いてゆき、読者のほうが根負けしてしまうこともしばしばある。

## 情報比較で高まるメディア・リテラシー能力

しかしインターネットのホームページや、ＢＳディジタル放送データチャネルのニュースなら、そんなしがらみはないから、テレビのチャネルを替えるように、あちこちのメディアのそれをのぞいてみて、一番妥当と思われるものを利用するようになる。またいまでもインターネットで検索ソフトを利用すれば、ある項目のニュースについて、多数のメディアの報道を比較しながら読むことができる。これも無料で、挿入された広告で経費が賄われている。

検索エンジン側は、各メディアの無料・公開のホームページにある主要ニュースを引き出して並べているわけで、情報提供料など払っていないからタダにできるわけだ。ともかく、こういう新しい手段によって読者がさまざまなメディアの報道を読み比べながら、その正確さ、公正さ、掘り下げの深さなどを自分で判断できる能力、いわゆるメディア・リテラシーの能力を高めていくことができる。

## マインド・コントロールが解け、健全な世論形成

インターネット新聞が普及すれば、長年にわたるマインド・コントロールで読者を囲い込んできた新聞は大恐慌を来す。「愛読者」という名の○○新聞信者も姿を消していくだろう。自分の頭で判断せず、愛読している新聞に判断を委《ゆだ》ねてきたような、だ

らけた脳味噌では激動の21世紀を生きていけなくなる。インターネットの普及で思いもかけず、国民の意識が改革され、健全な世論の醸成が期待できようというものだ。

新聞にはインターネットや放送にない重要な機能がある、という反論もあるだろう。それは新聞のレイアウトであって、1面や社会面のトップ、四段、三段見出しなどのように、どのニュースが重要かが読者に一目でわかるようにしているわけだ。

しかし見方を変えれば、それは個々のメディアが自分のニュース価値判断を読者に押しつけていることになる。ニュース価値だけではなく、新聞は報道のありようを通じてものの見方、考えかたなども読者に押しつけているに他ならない。

その結果、一紙だけを長く読んでいると、知らず知らずにそのメディアにマインド・コントロールされ、そのメディアのものの考えかた、見方、世界観にどっぷり漬かり、他の見方、考えかた、世界観に頭から拒否反応するようになってしまう。新聞が大切にする「愛読者」とは、実はマインド・コントロールされた読者ということになる。

こういう類《たぐい》の「愛読者」が消滅し、報道についての国民の自己判断力が高まれば、いまより遙《はる》かに健全な世論が形成されるようになるだろう。それは激動と変化の21世紀に、日本の再生を図るためにも是非とも必要なことではないか。ニュー・メディアの興隆は、そのスプリング・ボードとなるに違いない。

教科書、神戸連続児童殺傷事件、北朝鮮報道統制、日本人拉致疑惑…

第9章

# メディア・リテラシーを育てるには

これまでメディアによるさまざまな歪みを検証してきたが、それでは読者は、メディアが垂れ流す膨大な情報から真実を読み取る「メディア・リテラシー」能力をどうやって育てればいいのだろうか。それにはまず、マスコミ各社の特性と傾向を把握することである。また、質より量の集中豪雨的報道や専制国家における国家や党の宣伝報道、あまりにも出来すぎた報道などには注意する。

何より大事なことは、読者がさまざまなメディア、特に対極にある報道を読み比べ、自分の頭でどちらがより妥当かを判断することである。

## ゴミの山から真実を発見する法

いま、新聞各紙は学校での教材に新聞記事を使わせるＮＩＥ運動を推進しているが、新聞記事や論説が子どもたちに教えるほど公正で良識のあるものであるとは到底言いがたいことは明白だ。新聞は眉《まゆ》に唾《つば》をつけて読むのが醍醐味《だいごみ》というもので、常に批判的な姿勢で接するのが正解である。

しかし新聞はいまの国民にとってより手軽に情報に接する手段である以上、いかがわしい情報と真実の情報が玉石混淆《こんこう》に雑然と入り交じっているなかから、ゴミを捨て玉を拾うという作業、メディアの垂れ流す情報の洪水から真実を読み取る「メディア・リテラシー」の能力が必要になる。その能力を育てるにはどうしたらいいのか。

まず、一つのメディアだけではなく、複数のメディアの情報に接し、どちらが公正で妥当かを自分の頭で判断することだ。その判断力を研ぎ澄ますには、社会・経済・政治・科学技術などの分野の基礎的知識の集積が必要になる。その知識に照らして、あまりにも飛躍したことを書いている記事は、うかつに信じないほうがいい。

たとえば、ダイオキシンのような環境ホルモンにせよ、問題はその量、濃度なのであって、ごく微量なら問題はない。ところが最近、計測機器が急速に進歩して一兆分の一グラム（ピコグラム）まで検出できるようになった。それを検出した研究者や研究機関が売名欲も手伝って発表すると、科学技術の知識の貧弱な社会部記者がさも重大な環境汚染が起こっているかのようにデカデカと書く。こういう馬鹿げた記事を信用してノイローゼになるのは愚かである。

## 記事自身の持つ矛盾を発見せよ

複数のメディアに接しなくとも、記事自身の持つ矛盾を発見することはできる。たとえば朝日などが、「新しい歴史教科書をつくる会」が教科書採択に当たっては各地域の教育委員会が主導権を握るべきだとのキャンペーンをやっていることを、「特定団体の教育への介入」と非難しながら、一方で採択に当たって「現場の声」を重視すべきだとし、教職員組合を排除する動きを非難しているのを読めば、教組こそ特定のイデオロギーに支配された「特定団体」に他ならず、その介入をも非難すべきではないかという矛盾が読み取れ、この記事は教組と連動したキャンペーン記事であると見抜けるというものだ。

２００１年８月１日付朝日は、東京都教育委員会が扶桑社版の中学用歴史・公民教科書を養護学校用に採択する方針を決めたことに対し、第二社会面トップで「反発の声噴出」と報じているが、その「反発の声」は教職員組合の声だ。教組が現場の教師の声を代表しているわけではないことは周知の事実だろう。

それに比べ、同日付毎日は、匿名ながら現場の教師の「繊細な子が多く、国際的に問題となっている教科書を使えば、混乱する恐れもある」との声を報じている。

## 各メディアの歪みを補正して読め

いままで述べてきたように、メディアによってさまざまのバイアス（歪《ひず》み）がある。それを補正して読むには、そのメディアがどんな姿勢を取り、どんな信条・イデオロギーに基づいて報道しているかを頭に入れておくといい。大手四紙について述べてみよう。

〈朝日〉かなり破れ目が目立ってきた「戦後民主主義」の旗を押し立てている。「平和」「人権」「平等」「弱者保護」「環境保全」などをスローガンとしているが、その概念自体は抽象的で具体性に乏しい。ただその裏には「反体制」の底意が窺われる。

ただし、「反体制」をモットーとする朝日の社内が、おしなべて「社内体制派」であり、金太郎飴のような記事を量産し、社の姿勢や論調に対する異論・反論が出にくいのは奇妙である。

また、読者が記事に対する疑問を担当記者に質《ただ》そうとすると、決まって「広報部を通してくれ」と突っぱねられ、広報部から質問をはぐらかした、不得要領の返答しかもらえない。このような官僚的体質も朝日の特質の一つだ。それは本社から支局などへの連絡を「行政」と名づけていることにも表れている。

「小泉改革」には、「痛み」「弱者切り捨て」を強調して批判的。政治的には社民党の応援団だが、共産党に対しても甘く、社共連合政権樹立を目標としていると思われる。

かつては岩波書店と並ぶ進歩的文化人の牙城だったが、ソ連・東欧の崩壊で彼らが権威を失ったのちは、彼ら一党が化粧直ししてなだれこんだ左翼市民運動と連動している。

「タカ派」を天敵と見なし、政治家にそう見なされる者が現れると、全力で反対キャンペーンを続ける。かつての反中曾根、最近の反石原キャンペーンはその典型。

中国・韓国報道に対しては「近隣諸国条項」を適用し、歴史教科書問題や靖国参拝問題では全面的に両国の立場に立って報道する半面、両国に都合の悪いことはめったに報道しない。両国との友好関係を少しでも損ねると、「アジアで孤立する」と脅迫する。一方、他の国、東南アジアやアメリカ・欧州諸国との友好は口にしない。

〈毎日〉イデオロギー的には朝日と同様で、「小朝日」と呼ばれている。ただし朝日ほど金太郎飴《あめ》的ではなく、時におやと思うような報道や論調が顔を出す。それは社内に右翼と左翼が雑然と同居し、社内の統制も弱いからだ。良く言えば記者の個性を尊重する、悪く言えば百鬼夜行。

論説は朝日のような、常に逃げ道を用意した瓢箪《ひようたん》ナマズ的なものではなく明快だが、基本的な認識に欠陥があり、暴走気味なこともしばしば。同じサヨクでも朝日のような狡猾《こうかつ》さではなく単純サヨク。

とはいえ、朝日ほど骨の髄からのサヨクではなく、柔軟さも残っている。朝日が掲載を拒否した扶桑社の歴史教科書の市販本の広告を毎日は掲載したことなどもその一つ。また朝日が解説すら無署名としているのに対し、毎日は一般記事に至るまで原則として記者の署名入りとし、責任の所在を明らかにしている。

〈読売〉かつて中曾根元首相とスクラムを組んだ渡邉恒雄氏のワンマン体制といわれ、論説や政治面では、新保守主義の立場を鮮明にしている。「小泉改革」には基本的に賛成。景気対策として「インフレ目標値」を設定したゆるやかなインフレ政策を提唱している。憲法改正、教育改革、景気対策などでしばしば具体的な提言を行い、世論の醸成に努めている。

政治・経済面に比べ、社会面は旧態依然で、その報道姿勢は朝日とあまり変わらない。扶桑社の歴史教科書検定の際は、社説で中国・韓国の干渉を排する姿勢を明確にしたが、社会面は中立的だったのはその一例。ただし、特殊法人見直しなどには積極的な報道を続け、「小泉改革」を支援している。また科学部が四大紙中もっともしっかりしており、バイオなど革新的技術の発展に熱意を持ち、報道や解説に読みごたえがある。

〈産経〉読売と同様、新保守主義に立脚するが、読売よりは右寄り。北朝鮮、中国など共産圏報道では他紙のように遠慮がちな報道ではなく、思い切った分析をする。ただ時たま、扱いや内容が誇大と思えるものもある。

歴史教科書問題では「新しい歴史教科書をつくる会」を全面支援。朝日と紙面で全面戦争を展開した。小泉首相の靖国参拝では終戦記念日の参拝を貫けと主張。「小泉改革」は基本的に支持する姿勢。

朝日が自らの報道姿勢、論調に都合の悪いニュースは無視するか扱いを小さくするのに比べて、都合の悪いニュースや意見もそれなりに扱い、比較的公正。

四紙の「左寄り」「右寄り」のバイアスは割合単純なので、読むときはそれを念頭に置いて、ある程度割引して読めばよいだろう。

## 集中豪雨的報道は注意が必要

日本のマスコミは、社会に強烈な衝撃を与えるような大事件が起こると、他社よりも少しでも多量の報道をしようとして、質ではなく量の競争に突入し、集中豪雨のような報道合戦を展開する。その結果、めぼしいネタがないときは虚報、誤報、誇大報道が跋扈《ばっこ》する。

「酒鬼薔薇聖斗」による神戸の連続児童殺傷事件では、記者会見で犯人の少年が通っていた友が丘中学校の岩田信義校長が、「学校に責任があると思うか」と聞かれて、原因がわかっていないからと「仮定の問題にはお答えできません」と答えたところ、テレビのワイドショーで「校長は家庭の責任だと言った」と報道された。

最近では参院選で遊説中の小泉首相が「疲れ果てた。実際、休みを取りたいよ」と発言したのを「自殺したくなったよ」と聞き違えて報道した新聞もあった。

これなどはお笑いぐさの類だが、神戸の事件ではまだ犯人の少年が検挙される前は、「不審な中年男」が目撃されたとの報道をあるメディアが流すと、各メディアとも競ってそれに乗っかり、「切り取った首を持ち運んだと見られる黒いビニール袋を持った人物も中年男だった」とか、遺体を埋めた変電設備を囲む金網フェンスの、「つけ替えられた南京錠を買いにきた男の人相とも一致」など、尾ひれをつけて報道された。

大事件が発生すると、新聞もテレビも大がかりな取材専従班を編成して取り組む。彼らの主な仕事は捜査陣に夜討ち朝駆けして捜査情報をリークさせたり、周辺の住民から有力な証言を聞き出すことだが、はかばかしい情報が得られなくなると、紙面を埋めるためにあやふやな噂《うわさ》にも飛びつくようになる。

昔は「社会面トップを開けて待っているんだ。何が何でもネタを拾ってこい」と怒鳴りまくる社会部長がいたが、いまもその状況は変わっていまい。

## 弱い相手をスケープゴートに

大事件の場合、マスコミは手っとり早く責任を負わせるスケープゴートをでっちあげたいという誘惑に駆られる。そのほうが読者・視聴者にわかりやすく、また彼らの怒りの矛先を向ける対象を用意することで、胸のつかえをおろすカタルシスになるからだ。

そのスケープゴートは、弱い立場の、反論もしにくいような相手が選ばれる。神戸の事件の場合も、それが凶行少年と犠牲になった少年が通学していた学校であった。

マスコミの学校への責任追及は日を追ってエスカレートし、児童への心ない取材攻勢を防ぐために、記者に取り囲まれている児童に教師が「早く帰れ」と促すと、「学校は箝口令《かんこうれい》を布《し》いた」と非難された。

集中豪雨的報道の場合、こういったことは日常茶飯事のように起こる。従って読者・視聴者はよほど眉に唾をつけてかからないと騙《だま》される。報道の真贋《しんがん》を見分けるカギは、あまりに単純化、図式化された報道は信用しないことだ。事件、特に大事件の原因はさまざまな要素がからんだ複雑なものであり、決してマスコミが一刀両断するような単純明快なものではないからだ。

## 何でもかんでも「行政の責任」

いまはさすがに少なくなったが、つい最近までは子どもが池に転落しても「行政の責任が問われている」と書くのが、新聞の常だった。全国に無数にある池や川の全てに転落防止用の金網やフェンスを張りめぐらすなど、できない相談ではないか。

子どもの転落防止は親の監督責任であり、行政の責任ではない。しかしマスコミは不特定多数の批判はタブーだから、抗議される気遣いの少ない官庁の責任にするわけだ。汚職が発生した際も、一部の不心得者の仕業で、大多数の役人は真面目《まじめ》に働いているような場合すら、あたかもその官庁全体が汚職の巣のように報道する。それが高じると、世間的な常識からして、犯罪に当たらないものまで、汚職と決めつける。旧大蔵省と銀行の癒着が問題化した際は、癒着の手先とされた銀行のＭＯＦ担（大蔵省の情報を集める銀行の担当者）が、新橋あたりの安い居酒屋で、親しい役人と一人前数千円の会食をしたことまで、癒着の証明とされた。

こういった誇大な報道に対しては、常識でそれが妥当かどうかを判断する以外ない。間違っても「ＭＯＦ担は悪い連中だから、些末《さまつ》なことでも許さない」といった感情に走らないことだ。

## 専制国家報道の読み解き方

国家統制の強いメディアは、共産圏やイラクのような専制国家にあまねく存在する。そこでは報道は国家の政治目的に奉仕するものと規定され、報道の自由はない。国家や党の宣伝機関にすぎないメディアに真実の報道を期待することはできないから、こういうメディアの流す報道は常に眉に唾をつけて読む必要がある。

虚偽を見抜く方法は、内容に矛盾がないかどうか検証することだ。たとえば文化大革命の頃、中国が食糧の自給を達成したと誇らしげに発表したことがあった。しかしそれから間もなく、中国がカナダから大量の小麦を輸入したとのニュースがあり、自給自足は虚偽の宣伝だったとわかった。

いまは飢餓にあえいでいる事実を公表し、食糧援助を要求している北朝鮮も1980年代は「社会主義国のなかでも農業がうまくいっている国」と喧伝《けんでん》し、日本のマスコミのなかにもそれを真に受けて報道した朝日新聞のようなメディアもあったが、その北朝鮮は当時から食糧の配給制を実施していた。ここに大きな矛盾が露呈している。

というのは、ほんとに農業がうまくいって食糧が潤沢なら、配給制を取る必要がないからだ。それは配給制が自由販売より遥《はる》かに行政上のコストと人手がかかるからであって、世界のどの国を見ても食糧の豊かな国で配給制を布いている国はなく、韓国にも配給制はない。

## できすぎた報道にも要注意

また、あまりにも「できすぎた」報道にも注意しなければならない。北朝鮮の金日《キムイル》成《ソン》主席の葬儀の際、北朝鮮テレビの報道として、嘆き悲しむ民衆の映像が日本でも流れたが、その一番目立つ最前列にいる男女が、身も世もあらぬふうに体をよじって号泣しているさまが、あまりにも芝居がかっているのに不審が抱かれたところ、間もなく北朝鮮からの亡命者の談として、最前列にいたのは国立劇場の役者たちだったことがわかった、などはその好例である。

湾岸戦争でも多国籍軍がイラクの化学兵器製造工場を爆撃した際、イラク側は爆撃されたのは乳製品工場だったと非難し、現地を取材した米CNNテレビに対し、住民と称する女性が口を極めて多国籍軍の盲爆と非難した。しかしその女性があまりにも流暢《りゅうちょう》な英語を喋《しゃべ》ったのに不審を抱いた他の西側メディアが調査したところ、その女性はイラクの高級外交官で、住民を装っていたことがわかった。

また、中国がいくら自国の軍備は防衛のためだと繰り返し報道しても、それならなぜスホーイ27のような長距離制空戦闘機を装備しているのか、原子力潜水艦など行動範囲の広い艦艇を揃《そろ》えた大洋海軍の建設を急ぎ、航空母艦まで装備しようとしているのかとの疑問が生じる。それは少なくとも東・南シナ海での覇権を目指しているのだとの結論になるだろう。

## 日本の「オウム返し」報道も眉唾

では、共産圏などを取材した日本のメディアの報道なら信用できるかというと、とんだ当て外れである。専制国家では他国のメディアならなおさら取材の自由は許されず、見せたいところ、都合のいいところだけを取材させるという「お仕着せ」取材になる。

また民衆の偽らぬ声を聞こうとしても、ガイドないし通訳の名目でぴったり張りついている秘密警察員を恐れて、本音は絶対に言わない。北朝鮮では、取材を受ける予定の民衆は外国人記者からの質問に備えて、厚さ五センチもある分厚い想定問答集を毎日暗記させられているという。

２００１年4月21日付産経は、韓国の有力月刊誌『新東亜』に掲載された「想定問答集」の内容を伝えている。それによると外国人からコメ支援について質問された場合は、「人民に肉をたくさん食べさせるため家畜の飼料にしている」と答え、「外国の放送や出版物は楽しめるのか」と聞かれたら、「自由に見たり聞いたりしている。しかし人びとを堕落させ、精神的、肉体的不具を作る放送や出版物はわが人民の高尚な思想、精神世界や生活感情に合わないから見たり聞いたりしない」と答えることになっているという。そしてこの「想定問答集」は「利用後は徹底回収」して外国人の目には絶対触れさせないよう、厳重な注意が書かれているとのことだ。

政府や当局者の発表の裏づけ取材も許されないから、発表をそのまま流すという「オウム返し」報道になってしまい、適切な解説でもつけない限り、相手の宣伝の片棒を担ぐ結果になる。日本のメディアのなかには喜々として片棒を担ぐのもいるから、始末に負えない。

## 「自由な取材」の触れ込みも信ずるな

自由な取材をした、許されたとの触れ込みの報道もうかつに信じてはならない。というのはそれは記者の錯覚、思い込みにすぎないからだ。改革開放前の中国では、庶民の生活を見たいという外国記者は、一般より広く清潔で家具も揃った住居、住人も模範的労働者で、記者の質問に共産党の恩恵を立て板に水で能弁に語るという一家のところに連れていかれたが、何のことはない、その家族はそんな演技をするために政府から手当てを貰《もら》っており、家屋も普段は人の住まぬモデルハウスだった。

こういった瞞着《まんちゃく》は、他国の記者だけではなく、自国の最高指導者にも仕掛けられることがあるから驚きだ。ペレストロイカを掲げてソ連の改革に乗り出したゴルバチョフが書記長就任直後、「平均的市民」の生活の実情を把握しようとして、モスクワのアパートに案内され、立派な家具や多くの蔵書に豊かさを感じ取ってご満悦だったが、紅茶のもてなしを受けて、見事なティー・カップに惚《ほ》れ惚《ぼ》れしたあまり、ふと裏返して糸底《いとぞこ》を見たところ、「連邦共産党中央委員会食堂」のスタンプが押してあったので、激怒して席を立ったという。

北朝鮮でも同じで、日本の記者が街のアパートの住人を前触れなしに訪れて家の中を見せてもらったという報道でも、ガイドが事前に示しあわせて、その時間に偶然を装って主婦がアパートから出てくる、それを見た運転手が車を停め、ガイドが声をかけるという筋書きだった（萩原遼『ソウルと平壌』大月書店）。

こういった取材でかつて、北朝鮮天国説が日本のマスコミを支配したが、それが嘘《うそ》八百であったことは、間もなく日本人妻から金や日用品、医薬品、換金用の腕時計などを送れと哀訴する手紙が親族に続々届いたことから暴露された。

## 中国の「語り部」に注意

中国では日本のマスコミが「民衆の声」を取材しようとすると、必ずといっていいほど、政府の意を受けた「語り部」に出くわす。ＮＨＫが「わが心の旅」で塩田丸男氏を主人公に、塩田氏が一兵士として駐屯していた内蒙古をルポした際、張家口《ちょうかこう》の朝の公園で太極拳をしている老人に塩田氏が「日本軍のことを覚えているか」と聞いたところ、老人は言下に「覚えている」と答え、張家口の北にある張北という町で、日本兵が女性を場外に連れ出し集団暴行を働いたと述べた。

しかし集団暴行を働いたとされる１９４５年8月14日は、ソ連・外蒙軍が侵攻してきたとの報を受け、張北に急派された一個中隊が、城壁に張りついてソ連・外蒙軍が姿を現すのを今か今かと警戒している最中であり、そんな緊迫した状況で集団暴行、それも危険な城外に連れ出して暴行するなどできるわけがない。

もし戦列を離れてそんな行動をする兵士がいたとすれば、敵前逃亡の罪で即刻銃殺である。果たして、放送を見た内蒙古駐屯の響兵団（独立混成第二旅団）の関係者がＮＨＫに抗議し、訂正を求めた。

件《くだん》の老人がなぜそんなありもしないことを喋ったのか。恐らくＮＨＫが公園を取材することを事前に知らされて、待ち構えていた「語り部」だろう。中国でのテレビ取材は事前に取材予定を公安当局に提出することになっているから、ＮＨＫの取材予定も手に取るようにわかっていたはずだ。

中国は日本人に過去の侵略戦争の罪を刻みこむために、日本のマスコミの中国取材に際しては、かならず旧日本軍の暴虐を目撃した、体験したと称する「語り部」を用意している。それは本多勝一記者が朝日に連載した「中国の旅」以来の慣例なのだ。

そして、日本のマスコミも一部を除いて、「中国の旅」以来、「語り部」の「証言」を全くの裏づけ取材なしにそのまま伝えるという、ジャーナリズムとしては禁じられている手法で読者・視聴者に伝えてきた。韓国の主張する「従軍慰安婦」の強制連行問題でも、朝日などはそれを裏づける証拠は全くないのにもかかわらず、あたかも確定した事実のように報じてきた。

## 「ポチョムキン村」に気をつけよ

専制国家の一つであった帝政ロシアでは、エカテリーナ女帝の側近であったポチョムキン公爵が、ロシアの農村はいかに豊かかと女帝に信じ込ませるために、舞台装置と同じ書き割りの立派な村を造り、貴族の子弟を農民に化けさせて配置した。

その村に案内された女帝は、ド近眼だったせいもあって、何と素晴らしい村か、農民も品がよく、清潔でこざっぱりした服装をしているとすっかり感動したという。以来、こういった瞞着の仕掛けを「ポチョムキン村」と呼ぶようになったが、専制国家ではこの種の「ポチョムキン村」がいくらでも仕掛けられている。

「ポチョムキン村」は帝政ロシアの後身、旧ソ連にもしっかり受け継がれた。有名なものとしては、戦前の1930年代にスターリンが性急な農業集団化を実現するために、穀倉地帯のウクライナで意図的にもたらされた大飢饉《だいききん》を隠蔽《いんぺい》し、集団化のおかげで農産物の収穫が二倍にも三倍にもなったと西側諸国の民衆に宣伝するために、訪ソした劇作家バーナード・ショーや作家ロマン・ローランを人工的に造った「ポチョムキン村」に連れていってソ連の農村は共産党のおかげで豊かになったと信じ込ませ、西側のマスコミで大々的に宣伝させた事実がある。

## シベリア抑留で騙された左派社会党

戦後の日本兵シベリア抑留では、１９５６年夏に訪ソした超党派の国会議員団のうち、当時右派と分裂していた左派社会党の議員団だけに収容所訪問を許可し、その日だけ所内の売店に豊富な食料品、生活用品を運びこんで並べ、給食も普段では全く見かけない充実したメニューとして、収容者が何不自由ない生活を送っているように見せかけた。

そして帰国した左派社会党議員団は、マスコミに「収容者たちの待遇は決して悪くなく、栄養の面でも気が配られている」と語り、談話としてそのまま報道された。

ところがその後帰国した収容者たちが、ソ連当局のあざとい粉飾ぶり、「ポチョムキン村」ぶりを暴き、収容所の実態を訴え、「われわれの釈放のために日本の国策を曲げることがないように、祖国のためにはこの地に骨を朽《く》ちさせても悔いない」と記すなどして議員団に託した七通の手紙も握り潰していたことが暴露された。しかし国会はこれら議員団の売国的行為を徹底的に糾弾することなく、団長の野溝勝議員の「陳謝的発言」でお茶を濁してしまった。

## 真贋を見分ける反対情報検証

では、専制国家の報道の真贋を見分ける方法はあるのか。それにはまず、亡命者や敵対する国家、北朝鮮なら韓国、中国なら台湾の情報に目を通し、どちらが真実に近いかを判断することだ。もちろん、亡命者や敵対国の情報には誇大なものや虚偽が含まれるから、用心しなければならない。

この真贋を判断するには、その情報に合理性があるか、それに関連する他の状況と合致しているかを検証することだ。

たとえば横田めぐみさんの拉致疑惑は、韓国に亡命した北朝鮮工作員が、北朝鮮でめぐみさんに似た女性に会ったと証言したことから浮上したが、会ったとき聞いた「バドミントンのラケットを持ったまま連れてこられた」が失踪当時の状況と一致し、「双子の弟がいる」が、横田さんの家族の状況と一致したことから工作員の証言は真実だとわかった。

一般に、亡命者の情報が真実に近いかどうか判断するには、次のような検証が必要になる。
①亡命者の経歴・亡命に至る過程で不審なところがないか。
②亡命者の陳述が、過去の亡命者のそれと甚だしく乖離《かいり》していないか。
③陳述を裏づける物的証拠、たとえば文書や写真を所持しているか。
④亡命者の陳述と、他のデータ（たとえば経済困難を示す、専制政府側の統計の乱れ、矛盾などや食糧、日常生活必需品などの輸入量の変化、また専制政府内の人事、幹部の序列の変化、粛清などが示す政治動向）とつきあわせて比較検討する。
⑤亡命者に対する専制政府側の非難攻撃、陳述に対する反論から、その裏を読む。最も激しく執拗《しつよう》に攻撃している箇所が、逆にその国の最大の弱点で、知られたくない部分である可能性がある。

## 観察力を研ぎ澄ませ

また、観察力を研ぎ澄ませれば、虚偽を見破ることもできる。かつて北朝鮮の少年文化宮の科学実験室という触れ込みの写真を見た日本の科学者が、「この電気配線や配管はどうなっているのだろう。でたらめな繋《つな》ぎ方ではないか」と首をかしげ、宣伝用の写真にすぎないと見破ったことがある。

これなどは専門知識が必要だが、素人でも「果物が市場にあふれている」という触れ込みの写真で、果物が種類別にいくつもうずたかく見事なピラミッド状に積んであれば、宣伝ではないかと見破れる。そんなに一分の隙《すき》もないピラミッドでは、客が一つでも手に取った瞬間、崩れ落ちてしまうからだ。

また「21世紀都市」という触れ込みで北朝鮮が発表している、平壌の表通りに立ち並ぶ高層ビルの写真を見ると、ビルの壁面が異様に白く輝いていることに気づく。平壌に行った旅行者の証言では、ビルの壁面を手でこすると、手のひらが真っ白になるという。そこからこれらのビルの建築では、見栄えをよくするために、わざと白色セメントが通常よりも多く混入されていることがわかった。こうなると強度が心配になる。強い地震があれば崩壊してしまうのではなかろうか。

基本的には、専制国家の報道は、西側や亡命者など、それに関連するさまざまの情報源からの情報と比較検討するとともに、絶えずトレースして前の報道と後の報道に矛盾が生じていないかどうか検証することが必要だろう。

## 二重基準を平然と使うメディアは要注意

アメリカや日本政府の言動には、濛々《もうもう》たる懐疑の雲に包まれるくせに、かつてのソ連、いまの中国などのそれに対しては懐疑をさし挟まず、仰せごもっともと恭順の意を示すメディアがある。社説で日本には「偏狭なナショナリズム」が育っていると口を極めて攻撃する朝日は、「偏狭なナショナリズム」が政府やマスコミの煽動《せんどう》で燃えさかっている中国や韓国に対しては、何の批判も加えない。

歴史教科書問題でも、扶桑社の教科書を「自国中心主義」と攻撃するが、それを非難し修正を要求している中国や韓国の国定教科書が、自国中心主義で塗り固められている事実には頬被りする。そもそも中国や韓国の教科書がどういう内容なのかも伝えない。それを読者に伝えているのは産経くらいしかない。

朝日は「採択に不当な影響を与える」として、扶桑社の歴史、公民教科書の市販本の広告掲載を拒否した。しかしなぜ市販すれば「不当な影響を与える」のか全く不可解である。社説などでつねづね「教科書採択には保護者の意見も取り入れよ」と主張していたのだから、教科書を市販して一般の目に触れさせるのは、その趣旨に沿ったものではないか。

あるいは市販されて広く読まれると、いままで内容を都合のいいところだけつまみ食いして攻撃していた内実がばれるのを恐れたのかもしれないが、検定前の白表紙本を入手して攻撃を加えるほうが、検定に「不当な影響を与える」陋劣《ろうれつ》な行為ではないのか。

## 中国の軍拡は「好好」、日米のそれは軍国化

２００１年版防衛白書は、中国が年々軍事予算を十数％増やしており、核・ミサイル戦力や海・空軍力の近代化を推進していることに対し、「近代化の目標が、中国の防衛に必要な範囲を超えるものではないのか慎重に判断されるべきであり、このような動向について今後とも注目していく必要がある」と、控えめな表現ながら、警戒感を示した。

これに対して7月6日付朝日夕刊は、2面の解説で「中国の誤解懸念／対日不信、募る可能性」と題して「中国にとっては2年続きで、刺激的な防衛白書だろう」と、どっちを向いているのかわからぬ前置きで、「中国への険しい視線が突出している。それならばなおさら、『日本が中国脅威論に走っている』という誤解を中国に与えない努力が必要だろう」と、中国の大軍拡を警戒することが、「中国の対日不信を募らす恐れもある」と、恥知らずにも中国の代弁をしている。

朝日は、北朝鮮のテポドン発射の際にそれを探知する偵察衛星の装備にすら、反対した。弾道ミサイル防御のためのアメリカのＴＭＤ・ＮＭＤ構想にも「新たな軍拡を

招く」と批判した。その朝日が中国の軍拡に対しては「警戒するほうが悪い」とばかりに、「好好」のメッセージを送っている。これは朝日得意の典型的な二重基準（ダブル・スタンダード）だ。こんな二重基準を臆面《おくめん》もなく使うメディアの報道は、眉に唾をつけて接するのが正解だろう。

## メディア間の論争は両者を読め

日本のマス・メディアでは、長い間メディア相互の批判はタブーだった。しかし、十年くらい前から、マス・メディアが戦後民主主義を擁護する朝日・毎日と、新保守主義に立つ読売・産経の二つの陣営にはっきりと分かれてきた。それに伴って両陣営の間で名指しの批判が応酬されるようになった。

メディア間の相互批判は必要であり、それによってお互いに切磋《せっさ》琢磨《たくま》し、よりよい報道・論調になっていけば歓迎すべきだが、現状は単なる言い合いに終わっている場合が少なくない。読者としてはその双方の言い分を読み比べて自分の頭でどちらがより妥当か判断する以外ない。

もし片方の言い分だけを読んでいるなら、正しい判断はできないだろう。日本のメディアの通弊として、とかく相手の報道や論調を自分に都合のいいようにつまみ食いして攻撃することがあまりにもしばしばあるからだ。

しかし、あるメディアの言い分に、論理矛盾や牽強付会《けんきょうふかい》があったり、あるいは論拠を示さず攻撃した部分が発見できれば、そのメディアの言い分には疑いの目をもって接したほうがよい。

## 論拠なし、論理矛盾、牽強付会はペケ

たとえば、読売が1994年11月に「憲法改正試案」を発表したとき、朝日は社説で「客観的で公正な報道を貫くべき言論機関として、おのずから律するものが必要だ」と、意味不明な文言で攻撃した。しかしなぜ言論機関としての自律にもとるのか、その論拠は全く示していない。読売はその後も教育や経済施策について「提言」をたびたび紙面に掲載している。

いままで旧社会党と同様、反対や批判はするが、具体的な代案を提示したことのないマス・メディアにとって、読売のこの試みは画期的であり、具体的な提言をすることで、それを叩《たた》き台として国民的な論議を啓発し、よりよい世論を形成するという、マス・メディアとしての責務を果たすことになり、「自律にもとる」などは根拠のない言いがかりではないか。

そのほうが、不偏不党を掲げながら、党派的な偏向した報道を続け、読者をマインド・コントロールしようとするメディアよりも、遥かに健全だろう。

朝日はまた、扶桑社が検定申請中の白表紙本の内容をつまみ食いして攻撃したことで、産経から「検定に不当な圧力をかけるものだ」と批判されたことに対し、夕刊コラム「窓／論説委員室から」で「それでは産経は発表前なら一切報道しないのか」と反論していたが、官庁の発表前に報道することと、検定中の教科書をあげつらうこととは、問題の性質が全く違う。これなどこじつけにもならぬこじつけの典型である。

また、一般記事でも、扶桑社は教科書を検定申請中でも見本として教委関係者のところなどに持ち回っていたから、そこから内容が漏れたのではないかと報道したが、それは朝日が共産党系の団体から白表紙本のコピーを入手した疑いが極めて濃いことを隠蔽しようとして、出版社に責任を押しつけようとしたものだろう。これなど、鉄面皮と言うしかない。

## 有名無実となった「不偏不党」

朝日は「朝日新聞綱領」の冒頭に「不偏不党の地に立って言論の自由を貫き」と謳《うた》っているが、朝日のみならず日本のマス・メディアは伝統的に「不偏不党・政治的中立」をモットーとしてきた。しかしそれもマス・メディアが左翼市民主義と新保守主義の両極に分かれてきたいま、単なる建前にすぎなくなり、有名無実となった。

日本の新聞が「不偏不党」を標榜《ひょうぼう》するようになったルーツは、明治二十年代にさかのぼる。それは政治的中立や報道姿勢の中正・公平をめざす積極的意味合いというより、政府の弾圧を逃れるための消極的で自己防衛的な性格のものだった。

というのは、この時代にそれまで新聞の主流だった政論新聞、いわゆる「大新聞」（おおしんぶん）が、反政府勢力である野党の機関紙と化したために、政府の激しい弾圧を受けてたびたび発行停止処分を受け、経営困難に追いこまれる一方、政治と無関係の風俗・社会ダネを専らとしていた「小新聞」（こしんぶん）が、読者層の拡大を図って政治ニュースも取り上げる「中新聞」化したのだが、「大新聞」凋落《ちょうらく》の二の舞を恐れて、経営を守るために政治的中立を掲げたといういきさつがあるからだ。

## 左翼市民主義と新保守主義に分かれたマスコミ

もともと、便宜的な建前にすぎないのだから、それを破っても罪の意識を感じないのは当然だろう。かくて新保守主義に立つ読売・産経は「保守」政党寄り、左翼市民主義に立つ朝日・毎日は「革新」政党寄りということになる。

とりわけ朝日は旧社会党の応援団としての姿勢をあからさまに見せていた。自・社・さ連合政権ができ、村山富市社会党委員長が首相になったときも、これを政権から滑り落ちた自民党が政権を取り戻したい一心で仕掛けた「野合政権」だと非難する声が高まると、朝日は「野合ではない」と弁護に努めた。

その社会党が分裂して、左派が「社民党」を作り、選挙で大敗して泡沫政党に転落しても、朝日はまだ社民党の応援を続けている。義理堅いというより、朝日の信奉するイデオロギーの政治的拠点は社民党しか見当たらないからだろう。

読売・産経も、金属疲労を起こしている保守政治の再生を図る政界再編を慫慂《しようよう》するキャンペーンを、ことあるごとに展開している。これに対して朝日・毎日などは新聞のモットーだった「野党精神を捨てた」と批判しているが、朝日・毎日の言う「野党精神」とは、与党の行動や政策は蚤取り眼《のみとりまなこ》でアラ探しするが、野党には滅法甘い二重基準にすぎないことが多い。

従って、もはや「不偏不党」などは、絵空事にすぎない。そんな空虚なポーズを捨ててアメリカのマス・メディアのように、自らの政治的信条や、支持政党を明確にしたほうがましである。少なくともそのほうが、読者が空虚な建前に惑わされて、報道の公正を信じて騙されることはなくなり、最初から各メディアの報道には、ある程度のバイアスがあることを認識して、批判的に読むようになる。

## 「識者」の意見は世論の「大勢」ではない

新聞やテレビは、事あるごとに「識者」の意見を求める。その「識者」は大学の先生であることが多いが、日本に三十万人はいる大学の先生のうち「識者」の資格があるのは果たして何人いるか疑問だ。しかし日本人は「学識の深い大学の先生なら、その意見には耳を傾けるべきだ」と思いこんでいる向きが少なくないから、その「権威」に寄りかかっているわけだ。

そのうえ、「識者」の意見を、そのメディアの論調や姿勢を補強するために利用しているメディアも多い。反対意見も掲載するが、それは三対一とか四対一の少数意見として、いかにも公正を保っているような口実に使われるだけだ。

朝日は小泉首相の靖国公式参拝についてもそういう比率で賛成意見を掲載しているが、その朝日の世論調査でも、積極的賛成意見は51%、「慎重に」が52%と拮抗している。「識者」の意見が、世論の大勢を示しているものでないことは一目瞭然《りようぜん》だろう。

## 世論調査も当てにならぬ

記事に比べて世論調査は客観的で信ずるに足ると思われているようだが、これも当てにはならない。テレビが多用する「街頭アンケート」などは、その局が庶民の声が自局の姿勢や論調を支持するものでありたいという願望から、それに賛成する声ばかり放送して反対意見は無視する、あるいは反対意見はできるだけ感情的で支離滅裂なものを選ぶといった詐術を平気でやる。

新聞の世論調査の場合はもう少し巧妙で、「○○に賛成か反対か」という結論的な設問に至る前の設問に、自社の姿勢や論調に合致した回答が多くなるように誘導的な設問を仕掛ける。これを「キャリーオーバー効果」と呼ぶが、世論調査の専門家も、世論調査にこうした仕掛けが少なくないことを指摘している。

谷岡一郎・大阪商大教授は、『「社会調査」のウソ』（文春新書）で、1997年4月に行われた、朝日と読売の憲法改正の是非を問う世論調査について、どちらもキャリーオーバー効果を狙ったものと、検証している。

谷岡教授によると、朝日の場合は、六問目の「日本が憲法で『戦争放棄』をうたったことは、アジア太平洋地域の平和に役立ってきた、と思いますか。そうは思いませんか」と、七問目の「それでは、憲法の『戦争放棄』の考え方は、これからの世界の平和に役立つと思いますか、そうは思いませんか」は、回答者の七割以上がイエスと答えそうな質問で、最後の憲法九条改正、憲法そのものの改正の是非を問う設問への回答に影響を及ぼすことを狙ったものとしている。

読売の世論調査については、「冒頭の数問で問題点の指摘を行った上で、憲法について『論議すべきか』『改正すべきか』という質問を続けるやり方は、キャリーオーバー効果のお手本のようなものである」と批判している。

## 「市民団体」の中身に触れぬ朝日

朝日は近来、市民運動、それも左翼系市民運動に肩入れしているが、その「市民団体」がどの政党、もしくはどんなイデオロギー集団の系列かは触れたことがない。それを報道すれば、「市民」が自発的に組織した運動との建前が崩れ、記事の訴求力が薄れると危惧《きぐ》しているからだろう。そのために都合の悪い事実は隠蔽し、「事実」の一部のみを報道して、それがあたかも「真実」であるかのようにたばかっているわけだ。

産経のほうも、ある事実をクローズアップすることで、教科書採択阻止運動が、特定の政党やイデオロギー集団の影響を受けていることを読者に印象づけようとしているのは間違いない。従って情報の受け手である読者のほうは、朝日と産経を読み比べて、どちらがより「真実」に近いかを検証し、判断する作業が不可欠になる。

「市民団体」の抗議デモなどは、その参加者がたった二十人足らずの場合も、朝日・毎日は大きく報道し、その写真を掲載する。しかしその写真が正面から撮られた場合は、参加人数が一目でわかるから、報道の針小棒大ぶりがわかろうというものだ。一般に、デモの参加者の数は、朝日・毎日は主催者調べの誇大な数字が多い。

テレビ・ニュースでも抗議デモを好んで取り上げるが、それは「絵になる」からであり、それが警備側と揉《も》み合いになったり、暴力沙汰《ざた》になったりすればするほど、画像として訴求力があることになる。だから、表面の騒々しさに引きずられて、過大視しないほうが賢明である。

## 事実は真実の一部でしかない

ガセネタが売り物の大阪あたりの夕刊紙は別にして、マスコミ報道といえども全くの事実無根のものはめったにない。報道されている内容がほぼ事実であることは確かだ。しかしそれは、そのメディアないし報道した記者個人の価値観やものの見方に基づいて、「報道する価値がある」または「報道したい」と考えた「事実」にすぎない。

全体的な事実から恣意的に切り取られた「事実」がイコール「真実」であるとは言えないだろう。その意味でマスコミに限らず全てのメディアの報道する「事実」は、あくまで「真実」の一部にすぎない。

たとえば、扶桑社版の教科書採択阻止を叫んで2001年7月24日、「市民団体」が採択審議が行われている東京・杉並区役所と国立市役所を「人間の鎖」で取り囲んだ事件の報道でも、産経と朝日でははっきりとした違いがある。

産経は押しかけた「市民団体」が共産党系と過激派系であると明記、杉並区役所では中国の国旗を掲げた参加者もあったとして、「人間の鎖」に掲げられた五星紅旗をとらえた写真を添えている。

これに対して朝日は、「市民グループ」「市民団体」とのみ報道し、どういう系列のそれかは全く触れていない。記事につけられた写真も中国国旗のなかった国立市のそれを使っている。

メディアの流す情報を比較検討して、それぞれのメディアが報道する「事実」が「真実」の一部でしかないことを認識し、トータルな「真実」を見いだすのは、かなり面倒な作業である。しかし、それを怠っていては、マスコミ報道に振り回されて真実を見失う結果、政治・経済・社会の諸問題について適切な判断を下せなくなり、21世紀を生き抜くことはできないだろう。

# あとがき

お読みいただいて、いまのマスコミのさまざまな病状を理解されたと思う。朝日新聞の記事を批判している例が多いが、それは朝日の病状が最も重いからであり、ことさらに朝日を攻撃しようとする意図からではない。

民主主義は深い谷にかかった細い丸木橋をオートバイで突っ走っているようなものだ。左へハンドルを切れば左翼全体主義、右へ切ればファシズムの奈落へ転げ落ちる。まっすぐな方向を保つには、国民ひとりひとりの「常識」、コモンセンスしかない。それをしっかりと身につけていれば、ハンドルさばきを誤らぬ平衡感覚を保持できようというものだ。マスコミの偏向報道を見破るのも、コモンセンスなのである。

そのコモンセンスに基づいた健全な世論を醸成することこそ、マスコミの責務である。それを忘れて徒らに大衆に迎合し、「正義」を装った嫉妬《しっと》とか覗《のぞ》き趣味などの下劣な感情を煽《あお》り立てるようでは、民主政治はたちまち衆愚政治と化し、丸木橋そのものが腐食してしまう。

日本が危機に瀕《ひん》している今こそ、絶えず変化していく状況に対する適切な判断力が必要である。その判断力はマスコミの流す情報を鵜呑《うの》みにせず、批判的に分析して真実を読み取る以外ない。その方法は本書で具体的に説明したつもりである。これはかなり頭を使わねばならぬ作業だが、それを面倒がらずに、一つの知的ゲームとして楽しんでいただければ、著者の望外の幸せである。

2001年9月　　　　　　稲垣　武

# 解説――良心を操作するマスコミに惑わされないために

作家・井沢元彦

今や日本のマスコミは第四の権力といっても過言ではない。本書は、そのマスコミを俯瞰的《ふかんてき》な視点で批評した本である。

実は、日本において、こうしたマスコミ批評は皆無に等しい。もちろん、新聞だったら朝日には朝日の、読売には読売の論説委員がいて、互いに論争をすることはある。しかし、マスコミ全体を視野に入れてのきちんとした批判・批評は、これまでほとんど行われてこなかったのである。

これは日本のマスコミが抱える最大の問題だと私は考えている。なぜなら、物事は批評されないと悪化の一途をたどるからだ。どの業界においても、雑誌の『暮らしの手帳』のように業界全体を俯瞰し、客観的に評価する立場の人が存在するものである。そして、「Aメーカーの製品は、どこがよくて、どこが悪い」という情報が消費者に提供されているのだ。しかし、マスコミをこうした視点で見る人はいない。その結果、多くの日本人がマスコミを妄信し、マスコミに操られる現状が生み出されてしまった。

稲垣氏は、日本においてはじめて内部から本格的なマスコミ批評を展開した方だと、私は認識している。朝日新聞の元記者というお立場であるゆえ、内部の事情にも精通しておられる。これは非常に貴重なことである。なぜなら、通常、マスコミの外にいる人間には紙面に出る前の生の情報を知ることはできないが、生の情報を知らなければ、報道された内容を本当の意味で批評することなどできない。さらに、稲垣氏の批評は、古巣の朝日に対するものも含めて、決して客観的な視点を失っていない。私が、稲垣氏をして、日本で最初の本格的・実質的なマスコミ批評の創始者と評価する理由はここにある。

それにしても、マスコミが流す情報にはなんと眉唾《まゆつば》モノが多いことか。たとえば最近では、本書でも指摘されている「教科書問題」に対する朝日の姿勢。明らかに偏った価値観であるにもかかわらず、あくまでも「不偏不党」の立場を主張するから始末におえない。「自分たちの考えはこうだ。だから、この教科書はおかしい」とはっきり自分たちの立場を表明すれば納得できるものを、「良識派の先生がこう言っている」「市民団体が反対している」「韓国・中国が抗議している」という客観報道を装い、読者の良心や情緒に訴える。これを世論に対する洗脳と言わずしてなんと言うのであろうか。

本来、報道機関とは、一人ひとりの国民が的確な判断ができるような「材料」を与えるのが仕事である。決して、国民を自分たちの考える「正義」の方向に導くために、恣意的《しいてき》に選んだ情報を提供するのが仕事ではない。

もちろん、「材料」を提供する上で主観が入ってしまうことは否めない。なにせ、世の中にごまんとある情報のうち、どれをピックアップし、どう伝えるかを考えるのは人間である。人間である以上、主観がまじって当然である。

しかし、論外なのは、自分たちが「正義だ」と思い込んでいる方向に、世論を誘導しようとすることである。そして恐るべきことに、日本のマスコミ、とくに、朝日・毎日といった、良く言えば理想主義、悪く言えば空想主義の傾向のあるマスコミにおいて、そういった情報操作がしばしば行われているのである。「中国の文化大革命は素晴らしい」「カンボジアには大虐殺などなく、平和で立派な国である」「ソ連も北朝鮮も労働者の天国だ」「北朝鮮の拉致疑惑など嘘《うそ》っぱち。日本の保守勢力のいいがかりだ」。かつて、朝日や毎日はこんな内容の記事を平気で紙面に載せていたのである。それが、今ではすべてがウソであったことが明らかになった。にもかかわらず、いまだ朝日も毎日も誤った情報を流したことへの謝罪はしていない。

しかし、国民とてバカではない。現在、日本の新聞は大きく二極化が進んでいる。一極は、朝日・毎日の空想（理想）路線、もう一極は読売・産経の現実路線である。

そして、両陣営は部数（朝刊）において、朝日約八〇〇万部・毎日約四〇〇万部、合計一二〇〇万部に対して、読売約一〇〇〇万部・産経約二〇〇万部、合計一二〇〇万部、と拮抗状態にある。これは以前にはない事態だ。かつては、朝日・毎日のほうが、読売・産経よりも部数が多かったのだ。それが崩れたということは、朝日や毎日のような空想主義の胡散《うさん》臭さを国民が理解しはじめたことの表われとはいえないだろうか。

とはいっても、このまま日本のマスコミを野放しにしていいというわけにはいかない。マスコミ批評の土壌はどんどんつくっていく必要があるし、また、読者の側でも、稲垣氏のいう、メディア・リテラシーを育てていかなければならない。

メディア・リテラシーについて、蛇足ながら、私もひとつ、初心者におすすめの身につけ方をご紹介したい。それは、「巨人派」と「アンチ巨人派」のスポーツ紙を読み比べることである(同じ日のものがベスト)。同じ事実も、書く立場によってどれだけ報道内容が違うのかを確かめることができる。たとえば紅白戦である。これは同じチーム内で練習試合をすることだが、巨人軍内で紅白に分かれて対戦し、10対1という結果となったとしよう。「巨人派」の新聞の見出しは「巨人、今年の打線はすごい!」などデカデカと一面に載る一方で、「アンチ巨人派」の新聞では「投手陣、滅多打ち!今年の巨人はおさき真っ暗…」などと見出しをつける。そこで、メディア・リテラシーを身につけようとする皆さんのする作業は、その試合で打った打者は誰か、打たれた投手は誰かを調べることである。つまり、その打者が主軸打者かそうでないか、またその投手がエースかそうでないかを見た上で、その際の報道内容を確認する。そうすることで、報道に惑わされずに何が真実なのかを見極める目が養われていくのだ。

今後、インターネットの発達など、世の中はますます情報過多になっていく。そして、玉石混淆《こんこう》の情報の中から、本当に正しいものを見つけていく能力が求められるようになる。それゆえ、メディア・リテラシーの必要性はますます高まっていくだろう。

日本においてマスコミ批評の先鞭《せんべん》をつけられた稲垣氏には、これからも冴《さ》えわたる筆で批評を続けていただきたい。稲垣氏はかつて『「悪魔祓い」の戦後史―進歩的文化人の言論と責任』（文藝春秋）で、戦後の進歩的文化人と呼ばれる人々の過去の発言を徹底的に洗い出された。氏には、この画期的な書と同様、五年、一〇年というスパンで、言論人の代表的な論説を取り上げ、「彼は過去にこのようなことを言っていたが、それは今明らかになっている事実とはまったく違っている」「あのときは声高く、〝これぞ、正義！〟といっていたのに、今はカメレオンのように論調を変えている」といったメディアウォッチ、マスコミ批判を続けていただきたい。

おなじくメディアウォッチを展開する者として、私も、様々な場を使って、マスコミへの批評を続けていきたいと考えている。

3周年ご愛読記念!

# 飛び出せ!文庫の新星!

第一回募集

# 小学館文庫小説賞

**賞金100万円**

**【応募規定】**

〈資格〉プロ・アマを問いません

〈種目〉未発表のエンターテイメント小説、現代・時代物など・ジャンル不問。(日本語で書かれたもの)

〈枚数〉400字詰200枚から500枚以内

〈締切〉2001年(平成13年)9月末日までにご送付ください。(当日消印有効)※以降年に2回〆切りをもうけ、作品を募集します。

〈選考〉「小学館文庫」編集部および編集長

〈発表〉2002年(平成14年)2月刊の小学館文庫巻末頁で発表します。

〈賞金〉100万円(税込)

**【宛先】**〒101-8001東京都千代田区一ツ橋2の3の1
「小学館文庫小説賞」係

＊400字詰め原稿用紙の右肩を紐、あるいはクリップで綴じ、表紙に題名・住所・氏名・筆名・電話番号・年齢を書いてください。ワープロで印字したものも可。30字×40行でA4判用紙に縦書きでプリントしてください。フロッピーのみは不可。なお、投稿原稿は返却いたしません。

＊応募原稿の返却・選考に関する問い合わせには一切応じられません。また、二重投稿は選考しません。

＊受賞作の出版権、映像権等は、すべて本社に帰属します。また、当該権利料は賞金に含まれます。

＊当選作は、小説の内容、完成度によって、単行本化・文庫化いずれかとし、当選作発表と同時に当選者にお知らせいたします。

## 本書のプロフィール

本書は、当文庫のための書き下ろし作品です。

---

# 新聞《しんぶん》・テレビはどこまで病《や》んでいるか

著者　稲垣《いながき》　武《たけし》

二〇〇一年十月一日　初版第一刷発行

編集人――佐藤正治
発行人――山本　章
発行所――株式会社　小学館
〒一〇一-八〇〇一
東京都千代田区一ツ橋二-三-一
電話　編集〇三-三二三〇-五六一七
　　　制作〇三-三二三〇-五三三三
　　　販売〇三-三二三〇-五七三九
振替　〇〇一八〇-一-二〇〇



印刷所――図書印刷株式会社
デザイン――奥村靫正



Printed in Japan　ISBN4-09-402456-5

小学館文庫